你不得不知道的经典故事

孙子兵法名言故事

方长英　谢宏模　曹植　王长青·编写

南京大学出版社

图书在版编目(CIP)数据

孙子兵法名言故事 / 方长英等编写. —南京:南京大学出版社,2009.7

(你不得不知道的经典故事)

ISBN 978-7-305-06264-3

Ⅰ. 孙… Ⅱ. 方… Ⅲ. 兵法—中国—春秋时代—少年读物 Ⅳ. E892.25-49

中国版本图书馆 CIP 数据核字(2009)第 109681 号

出 版 者	南京大学出版社		
社　　址	南京市汉口路 22 号	邮编	210093
网　　址	http://www.NjupCo.com		
出 版 人	左 健		
丛 书 名	你不得不知道的经典故事		
书　　名	孙子兵法名言故事		
著　　编	方长英　谢宏模　曹 植　王长青		
责任编辑	赵 庆　　　编辑热线　025-83596027		
照　　排	南京玄武湖印刷照排中心		
印　　刷	南京通达彩色印刷有限公司		
开　　本	880×1230　1/32　印张 6.125　字数 1 274		
版　　次	2009 年 7 月第 1 版　2009 年 7 月第 1 次印刷		
ISBN	978-7-305-06264-3		
定　　价	12.80 元		

发行热线　025-83594756
电子邮箱　sales@NjupCo.com(销售部)
　　　　　press@NjupCo.com

＊版权所有,侵权必究

＊凡购买南大版图书,如有印装质量问题,请与所购图书销售部门联系调换

曹操序

我听说远古时候就有人利用弓箭,《论语》上说过治理国家需要有"充足的兵力",《尚书》所说的八种政事中有一种就叫"军事",《易经》上说"出兵正义就会使主帅吉利",《诗经》上说:"周王赫然大怒,于是整顿他的军队出战",轩辕黄帝、商汤王、周武王都使用过武力拯救社会。《司马法》说:"谁故意杀害别人,别人就可以把他杀掉。"只依靠武力的要灭亡,只依靠仁义的会灭亡,吴王夫差和徐偃王就是这样的例子。真正聪明的人用兵,平时作好准备,必要时才出动,在不得已的情况下才用兵作战。

我读过的兵书和战策很多,觉得孙武所著的兵法论述深刻。孙子是齐国人,名武,他为吴王阖闾作《兵法》十三篇。吴王阖闾命他按照兵法操练妇女,后来终于用他为将军。结果吴国向西打败了强大的楚国,攻入楚国的国都——郢。并对北方的齐国和晋国造成很大的威胁。一百多年以后,齐国又出了个著名军事家孙膑,是孙武的后代。

《孙子兵法》中表现了孙子怎样周密地思考,慎重地采取军事行动,谋划明确而深刻,这是不容质疑的。但是,世人大多对《孙子兵法》没有作深入、透彻的解说,况且该书文字较多。社会上流行的一些本子失去了原作的主要精神,所以我为它编写了简略的解说。

目　录

曹操序 ··· 001

一、始计篇
1. 孙武演练宫女 ·· 002
2. 李牧迷惑匈奴 ·· 005
3. 晋文公退避三舍 ·· 008
4. 越王勾践复国 ·· 013

二、作战篇
5. 兵贵神速 ·· 020
6. 北魏攻夏统万城之战 ·· 023
7. 木牛流马巧夺粮草 ·· 026
8. 韩信之暗渡陈仓计 ·· 031

三、谋攻篇
9. 管仲买鹿灭楚 ·· 035
10. 羊祜边境攻心战 ·· 037
11. 曹操流言分敌 ·· 039
12. 晋楚城濮之战 ·· 042
13. 烛之武退秦师 ·· 049

四、军形篇

14. 秦赵邯郸之战 …………………………… 052
15. 曹操寒夜筑土城 ………………………… 058

五、兵势篇

16. 岳飞击败铁塔兵 ………………………… 060
17. 孙膑减灶 ………………………………… 062
18. 叔詹、诸葛亮巧施空城计 ……………… 065
19. 王翦以逸待劳 …………………………… 069
20. 乐毅致信劝惠王 ………………………… 073
21. 官渡之战 ………………………………… 076

六、虚实篇

22. 齐、魏桂陵之战和马陵之战 …………… 083
23. 汉高祖白登之围 ………………………… 091

七、军争篇

24. 曹刿长勺论战 …………………………… 095
25. 魏蜀争夺汉中之战 ……………………… 097
26. 驱"火牛"田单复齐国 ………………… 099

八、九变篇

27. 韩信背水一战 …………………………… 102
28. 爱名的名将吴起 ………………………… 104
29. 残暴的名将白起 ………………………… 108

九、行军篇

30. 战神无敌霍去病 ………………………… 114
31. 东西魏沙苑、渭曲之战 ………………… 119
32. 李自成兵败山海关 ……………………… 121

十、地形篇

33. 崤山伏击战 ······ 125
34. 夷陵之战 ······ 127
35. 刘裕灭南燕之战 ······ 133

十一、九地篇

36. 曹操十面埋伏计 ······ 137
37. 李愬夜袭蔡州之战 ······ 139

十二、火攻篇

38. 火烧赤壁 ······ 145
39. 诸葛亮火烧藤甲兵 ······ 148
40. 陈友谅大战鄱阳湖 ······ 153
41. 火烧连营七百里 ······ 158

十三、用间篇

42. 貂蝉——最早的女间谍 ······ 162
43. 曹操离间韩遂 ······ 168
44. "战国四公子"的门客 ······ 173
45. 石勒诈降破王浚 ······ 176

附录：

1. 孙子的生平 ······ 181
2. 孙子的军事思想 ······ 184

一、始计篇

－孙子名言－

兵者，国之大事，死生之地，存亡之道，不可不察也。

－名言解读－

孙子曰：兵者，国之大事，死生之地，存亡之道，不可不察也。孙子说：战争是国家的大事，是关系到军民的生死安危的主宰，是国家荣辱存亡的关键，是不可以不认真考察研究的。《孙子兵法》一开篇就摆正了战争的重要地位，也向我们指出，研究战争具有不同寻常的意义。其实，国家和人民的命运在历史的关键时刻就取决于战争，战争胜利则国家得以存在，人民得以安生；战争失败则国家灭亡，民众遭殃，它关系到国家和人民的生死存亡。所以对待战争，我们不可不认真、慎重、审视、权衡，要认识到它是涉及到国家的存亡和历史的命运。绝不可把战争的胜败看成无关痛痒的事情。要正确的对待战争，更不可以意气用事，凭一时的情绪而仓皇发动战争，不考虑后果的战争是一种灾难。孙子在兵法的开始，就这样告诫我们要采取的正确的态度对待战争。战争是不得已而为之的国家大事，发动一场战争，是对国家和人民的一种消耗。可见发动战争是一种消极的国家手段，同样，研究兵法也不是为了战争，而是为了取得战争的胜利。一旦发动战争就应该肩负起战争的责任，非取得胜利不可，这是《始计篇》的目的。如果不用发动战争也同样能取得胜利，也是研究兵法的目的。

- 经典案例 -

1. 孙武演练宫女

孙子带着自己所编著的兵法去进见吴国国王。吴王说："您的十三篇兵法,我都认真看过了,您可以小规模地试着指挥一下队伍吗?"孙子回答说:"当然可以。"吴王说:"你可以用宫中的妇女来演练一下吗?"孙子说:"完全可以。"

于是在吴王的许可下,派出宫中的美女,共有一百八十人。孙子把她们分列成两队,用吴王十分喜爱的两个妃子分别担任两队的队长,并命令大家都拿着像刀剑一样的兵器。孙子下令说:"你知道你的心口、左手、右手和背心吗?"妇女们齐声回答说:"知道。"孙子说:"向前,就看心口所对的方向;向左,就看到左手方向;向右,就看右手方向;向后,就看背心所对的方向。"妇女们回答说:"是。"

纪律已经宣布,孙子就要求妇女摆好用来杀死敌人的斧钺,三番五次地把纪律交代清楚。于是击鼓命令向右,妇女们却哈哈大笑起来。孙子说:"纪律不明确,交代不清楚,这是将帅的罪过。"又三番五次地反复告诫,然后击鼓命令向左,妇女们又哈哈大笑起来。孙子说:"纪律不明确,交代不清楚，这是将帅的罪过；既然已经再三说明了而仍然不执行命令，那就是下级士官的罪过了。"于是要斩杀左右两队的队长。吴王在台上观看这场操练，看见孙子将要斩杀自己十分宠爱的两个妃子，于是大吃一惊，便赶快派人传下命令说："我已经知道将军善于用兵了。我如果没有这两个妃子，吃起东西来都觉得没有味道，请你不要斩杀她们。"孙子说："我既然已经受命为将军，将军在军队中，对国君的命令有的可以不接受。"于是斩了两个队长以警示众人。

孙子挨次选用第二名为队长，于是重新击鼓发令。妇女们向左向右向前向后跪下站起，所有的动作都符合规定的要求，没有人敢再出声。于是孙子派人报告吴王说："队伍已经训练得整整齐齐，大王可以下来看看，任凭大王想怎样用就怎样用，即使走刀山下火海也是可以的。"孙子说："大王您只是爱好兵法的词句，不能在实际中运用它。"

从此吴王知道孙子善于用兵，终于任命他为将军。吴国军队向西打败了强大的楚国，一度攻入楚国都城；向北对齐国、晋国造成很大的威胁。吴王的名声在列国诸候中名声大起，孙子在这些方面是功不可没的。

— 孙子名言 —

将者，智信仁勇严也。

— 名言解读 —

"将者，智信仁勇严也。"所谓将领，就是说将帅要足智多谋，赏罚分明有信，爱护士卒部属，勇敢果断，军纪严明，树立威严。率领百万军队争夺一场战争的胜负，这是将领的职责。将领是战争胜负的主导因素，由小变大，由弱变强，或是由大变小，由强变弱，关键在于将领的指挥。改变战争格局，影响战争成败的主观因素就是将领。将领是一场战争的操作者。本来应该胜利的战争可以因为他而变成失败，本来应该失败的战争可以因为他而变成胜利，天时地利的因素是客观的，变化不大，而将领的因素却是主观的，容易变动的，灵活复杂。可见掌握将领的战争的指挥思想比研究天时地利还要复杂，也是最为关键的，是改变战争命运的决定因素。如果天时地利是战争的硬件，那么，将领所具备的素质就是战争的软件了，或者说将领是战争的实际操作者。所以研究敌我将领是非常重要的。怎么来认识和研究将领呢？孙子从五个方面来分析，即"智信仁勇严"，智者能识别机会、权衡变化，能提出可行的作战计划；信者赏罚分明，能激励士气而让士兵认为值得拼死一战；仁者爱护下属，能笼络士兵的心而得到他们的拥护；勇者身先士卒，敢于承担责任而不畏缩，能率领军队战胜一切困难；严者执法严明，能不因个人的爱好和私情而违法，士兵在平等中得到尊重。优秀的将领应该具备这五个方面的素质，当然任何一个将领都无法同时具备这五个方面的才能，也就出现了将领的优势和劣势，这就需要我们具体分析和研究，什么将领在哪方面是优势，在哪方面是劣势。在对付这位将领的时候，我们就可以抓住他的弱点出击。

― 经典案例 ―

2. 李牧迷惑匈奴

李牧是赵国北部边境的良将。他带领重兵，长期驻守在雁门、代郡，以防御匈奴南下。赵王规定，为了有利于抗击匈奴，李牧可以根据战争的需要，自己有权设置官吏，而且一郡的田赋税收也全部归帅府，作为军用开支。李牧每天宰杀几头牛 犒赏士卒，加紧训练骑马射箭技术；同时派精兵严加守卫烽火台，以备随时报警；又派出大量侦察敌情的情报员，以便有军情能及时通报。全军战士得到李牧的厚遇，人人奋勇，个个争先，愿为国家出力效劳。平时李牧总是明确告诉部下："匈奴如果侵入边境掠夺物资，赶快把物资收拾起来，退入城堡内防守，如有人擅自出战，捕杀匈奴者斩首示众。"

每当匈奴入侵边境，烽火台一报警，李牧即下令立即收拾物资退入城堡，从不出去应战，这样过了几年，李牧没有人员伤亡也没有损失过物资。然而，时间一长，匈奴兵将总以为李牧胆小怯战，根本不把他放在心上；就是赵国的边兵们也在下面窃窃私议，以为李牧胆小怯战，有的还愤愤不平。李牧一意坚守不主动出击的消息传到赵孝成王那里，赵王派使者责备李牧，要李牧出击。李牧却仍然像原来那样，匈奴一来，就躲进壁垒，坚守不出。匈奴往往满怀企望而来，却一无所获而归。赵王听说李牧仍然一味防守，认为他胆怯无能，灭了自己威风，很生气，立即派另外一员将领来代替李牧，免去了李牧雁门太守的职务。新将领一到任，全部废弃了李牧的规定，只加紧训练，准备抗击入侵的匈奴。一年多以来，每当匈奴入侵，新将领都下令出战，每次出战都不利，人员伤亡很大，物资损失也很多，而且边境上的百姓没有办法耕种和放牧，百姓纷纷逃亡。

赵王只得又派使臣去请李牧重新担任代雁门郡郡守，李牧借口有病，坚决不肯就任。赵王不得已，只得下令强迫李牧出来。"大王，"李牧对赵王说，"如果一定要臣重新任北边守将，那就必须答应还照我从前的办法，我才敢接受命令。"赵王回答："寡人答应。"李牧又来到雁门，下令还照以前的办法坚守。几年内匈奴几次入侵，都一无所获，匈奴人总以为李牧胆小怯战。而边关将士因为天天得到犒赏，却没有出力的机会，都希望能在战场上为国家效力。李牧看条件成熟了，于是准备了经过严格挑选和修理好的战车一千三百辆，又挑选出精壮的战马一万三千匹，勇敢善战的士兵五万人，优秀射手十万人，然后把挑选出来的车、马、战士统统严格编队，进行战斗训练。一切就绪之后，让百姓满山遍野去放牧牲畜，引诱匈奴入侵。不久，情报员来报告，有小股匈奴到了离边境不远的地方。李牧派了一支小部队出战，刚一跟匈奴兵接触，就装作被打败的样子拼命逃窜，丢弃下几千名百姓和牛羊让匈奴俘虏去。匈奴单于王听到前方战报，十分高兴，满心以为李牧胆小可欺，于是调动大部队侵入赵的边境，准备大肆掳掠。李牧从烽火台和情报员的报告中熟悉了敌情，早已在匈奴的来路埋伏下奇兵，当匈奴大部队一到，还没等单于布下阵，李牧一声令下，左右两翼兵士早冲杀过去。将士们经过几年的养精蓄锐，早已摩拳擦掌。李牧一声令下，个个生龙活虎，向敌人扑了过去。匈奴兵将素来不把李牧放在眼里，一心想着俘获女子玉帛回去享受，猛然受到赵军凶猛的进攻，阵脚很快被打乱，纷纷拼命后退。李牧看到匈奴队列一乱，立即命令军中击鼓，中军主力也冲杀过去，李牧左右翼出击获胜。单于本来已经惊恐不安，眼看中军又冲杀过来，鼓声、人群喊杀声、战马嘶鸣声惊天动地，单于吓得顾不得部下，自己掉转马头就跑。主帅一乱，匈奴兵更是一个个只顾逃命，哪里还有力量抵抗。李牧指挥部队，追杀下去。匈奴兵在逃窜间，又遇到李牧埋伏下的军队拦路杀出来，前后夹击，匈奴兵更是没命逃窜。这一仗，杀死匈奴十几万骑兵，缴获马匹无数。

此战，李牧针对匈奴军骑兵机动性高、战斗力强的及以掠夺为主要作战目的的特点，实施坚壁清野，使敌方优势无从发挥，军需无法补充。同时采取一切措施提高自身战斗力，等到双方力量对比发生变化后，集中力量，充分发挥各兵种协同作战的威力进行包围，这是获得胜利的主要原因。此战，是先秦战争史中以步兵大兵团全歼骑兵大兵团的典型战例，对后世以步制骑的战术有着深远的影响。此战中李牧将孙子兵法的智慧发挥到极致，先是连败五阵，丢弃牛羊物资装备无数，将匈奴主力从他们擅长的草原引诱到汉人所擅长的长城外围来进行决战，并以示弱于敌的手段麻痹对手。

接着火速出击，深夜集合人马，夜袭匈奴大营，把那些在马上纵横的匈奴骑士在睡梦中杀死。同时，重装战车包围匈奴营地出口，以密如蝗虫的箭矢射杀匈奴逃亡者。此战打得匈奴主力几乎全军覆没，几年之内难以恢复元气。更重要的是，此战是汉族军队步骑车兵协同作战的经典战例，为日后汉政权与匈奴作战提供了可借鉴的范本。

— 孙子名言 —

势者，因利而制权也。

— 名言解读 —

"势者，因利而制权也。"所谓态势，就是凭借有利于自己的原则，灵活多变，掌握战场的主动权。"势"就是因利制权。可以有两种解释，一种解释是为了达到胜利而制定策略；另一种解释是在敌我利与不利、优与劣的基础上制定策略。不管哪一种解释，道理只有一个；不管在实践如何运作，原则也只有一个，即在敌我利与不利、优与劣的基础之上，为达到胜利的目的我们要制定扬长避短的作战策略。这个策略一在战争中实行，就是形成战争的态势了。

— 经典案例 —

3. 晋文公退避三舍

晋文公即位以后，整顿内政，发展生产，把晋国治理得渐渐强盛起来。他也想像齐桓公那样，做个中原的霸主。

这时候，正好周朝的天子周襄王派人来讨救兵。周襄王有个异母兄弟叫太叔带,联合了一些大臣,向狄国借兵,夺了王位。周襄王带着几十个随从逃到郑国。他发出命令,要求各国诸侯护送他回洛邑去。列国诸侯有派人去慰问天子的,也有送食物去的,可就是没有人愿意发兵打狄人。

有人对周襄王说:"现在诸侯当中,只有秦、晋两国有力量打退狄人,别人恐怕无法退敌。"于是,襄王打发使者去请晋文公护送他回朝。

晋文公马上发兵往东打过去,把狄人打败,又杀了太叔带和他那一帮人,护送天子回到京城。

过了两年,又有宋襄公的儿子宋成公来讨救兵,说楚国派大将成得臣率领楚、陈、蔡、郑、许五国兵马攻打宋国。大臣们都说:"楚国老是欺负中原诸侯,主公要扶助有困难的国家,建立霸业,这可是时候啦。"

晋文公早就看出,要当上中原霸主,就得打败楚国。于是,他扩充队伍,建立了三个军,浩浩荡荡去救宋国。

公元前632年,晋军打下了归属楚国的两个小国——曹国和卫国,把两国国君都俘虏了。楚成王本来并不想同晋文公交战,听到晋国出兵,立刻派人下令叫成得臣退兵。可是成得臣以为宋国迟早可以拿下来,不肯半途而废。他派部将去对楚成王说:"我虽然不敢说一定打胜仗,也要拼一个死活。"

楚成王很不痛快，只派了少量兵力归成得臣指挥。成得臣先派人通知晋军，要他们释放卫曹两国国君。晋文公却暗地通知这两国国君，答应恢复他们的君位，但是要他们先跟楚国断交。曹卫两国国君真的按晋文公的意思办了。

成得臣本想救这两个国家，不料他们倒先来跟楚国绝交。这一来，真气得他双脚直跳。他嚷着说："这分明是晋文公重耳这个老贼逼他们做的。"他立即下令，催动全军赶到晋军驻扎的地方去。

楚军一进军，晋文公立刻命令往后撤。晋军中有些将士可想不开啦，说："我们的统帅是国君，对方带兵的是臣子，哪有国君让臣子的理儿？"

狐偃解释说："打仗先要凭个理，理直气就壮。当初楚王曾经帮助过主公，主公答应过楚王，要是两国交战，晋国情愿退避三舍。今天后撤，就是为了实现这个诺言啊。要是我们对楚国失了信，那么我们就理亏了。我们退了兵，如果他们还不罢休，步步进逼，那就是他们输了理，我们再跟他们交手也不迟。"

晋军一口气后撤了九十里，到了城濮（今山东鄄城西南），才停下来，布置好了阵势。

楚国有些将军见晋军后撤，想停止进攻。可是成得臣却不答应，一步盯一步地追到城濮，跟晋军遥遥相对。

成得臣还派人向晋文公下战书，措辞十分傲慢无礼。晋文公派人回答说："贵国的恩惠，我们从来都不敢忘记，所以才退让到这儿。既然你们不肯谅解，那么只好在战场上比个高低啦。"

大战展开了，才一交手，晋国的将军用两面大旗，指挥军队向后败退。他们还在战车后面拖着伐下的树枝，战车后退时，地下扬起一阵阵的尘土，显出十分慌乱的模样。

成得臣一向骄傲自大，不把晋人放在眼里。他冒失地直追上去，中了晋军的埋伏。晋军的中军精锐，猛冲过来，把成得臣的军队拦腰切断。原来假装败退的晋军又回过头来，前后夹击，把楚军杀得七零八落。

晋文公连忙下令，吩咐将士们只要把楚军赶跑就是了，不再追杀。成得臣带了败兵残将回到半路上，自己觉得没法向楚成王交代，就自杀了。

晋军占领了楚国营地，把楚军遗弃下来的粮食吃了三天才凯旋回国。晋国打败楚国的消息传到周都洛邑，周襄王和大臣都认为晋文公立了大功。周襄王还亲自到践土（今河南原阳西南）慰劳晋军。晋文公趁此机会，在践土给天子造了一座新宫，还约了各国诸侯开个大会，订立盟约。这样，晋文公就当上了中原的霸主。

— 孙子名言 —

兵者，诡道也。

— 名言解读 —

"兵者，诡道也。"用兵打仗是一种诡诈之术。作战是在根据对方情况的基础上作出的部署和决策。暴露对方状况的情报和信息是作战的依据。因此在战争中，敌我双方都不会让对方知道自己的真实情况，他们都会竭力隐蔽或伪装。所以，对于"诡道"，除了自己要善于变化之外，还要能识别对方的变化。在这里，对于"诡道"可从四个方面来理解。一是要混淆敌人的视听，制造假情报，虚虚实实，真真假假。让敌人琢磨不透我的真实情况，无法获得暴露我方真实情况的情报。要求这个假情报应该有真实感，让人不能识破。另外不能总是出现假情报，假情报应该在适当的时候发出，这样假情报才会给人真实的感觉，才会具有较高的可信度。要是总是假情报，会让人觉得不可信任。在战争中还可以这样，若是在商场，就不可给人难以信任的感觉。战争是敌对的，而商业是合作的。二是要能辨别敌人的诡变，识破他的真相，这需要要相当强的分析能力。三是引敌人上当，假情报单纯混淆视听还未达到最终目的，还要能引导敌人上我们的当。不仅要瞒了敌人，还要骗了敌人。四是在识别了敌人的诡变的时候，利用敌人的诡变，进行反诡变。道理是在识破了他诡变的目的之后，在顺应他诡变的同时，引导敌人上来，然后另行设置力量，在背后攻击敌人，给他一个措手不及。总之，战争是具有迷惑性的，敌人要迷惑我，我也要迷惑敌人，我们要在实施迷惑的同时识破敌人的迷惑。要战胜一场战争需要将领付出相当的才智、力量和心血，也需要国家付出相当的财富和生命。

— 经典案例 —

4. 越王勾践复国

春秋时期，吴越两国为了争夺霸权，在公元前506年到公元前473年间发生过多次战争。在公元前494年的一场战争中，越国在会稽受挫，军事力量大大削弱，几乎遭受了灭国之灾。越王勾践在战败后，一方面降低身份伺候吴王，一方面反省思过，制订了一系列休养生息、还富于民的政策，赢得了老百姓的支持。勾践经过卧薪尝胆、十年生聚、十年教训之后，成功复仇，灭掉吴国。越灭吴之战是我国古代历史上弱国打败强国的一个成功范例，从许多方面印证了《孙子兵法·始计篇》的合理性和正确性。

吴国和越国是春秋后期崛起在长江下游的两个国家。在很长一段时间里，他们共同依靠楚国，都是楚国的盟友。中期，吴国通过兼并战争取得了大量土地，疆域不断扩大，实力不断增强，于是背叛甚至攻击楚国，在大国争霸的局势中逐渐露出头角，以求中原争霸。这时，越国还较为弱小，在吴楚之间频繁的战争中，时常帮助楚国牵制吴国，成为吴国的心腹大患。吴国为了在中原争霸中除掉后患，在柏举之战击败楚国之后，便开始发动讨伐越国的战争。

公元前497年，越王允常去世，他的儿子勾践即位。吴王乘越国国丧之际，率领大军进攻越国。至此，著名的吴越争霸战争拉开了帷幕。

吴越两军对峙于嘉兴，越军两次用敢死队攻击吴军，但是吴军阵势严整，越军未取得效果。越王勾践情急之下，驱使犯了死罪的囚犯在吴军阵前集体自杀，表现出宁肯自杀也不降吴的气势。吴军军心涣散，越军乘其不备，突然发动攻击，一举击溃吴军，老吴王受伤不治而亡。

老吴王死后，其子夫差即位，这时的夫差是一位年轻贤明的君王。按照其父"勿忘灭越"的遗志，任用名将伍子胥、伯嚭。日夜练兵，准备进攻越国。这时，越王勾践也重用文仲、范蠡，积极改革政治，发展生产，努力增强国力。

公元前494年春，越王勾践得知吴王夫差要攻击越国，不听大臣范蠡的劝告，在没有做好物资准备、兵力也不够充足的情况下决定先发制人，出兵攻击吴国，企图以奇兵制胜。但是，吴王夫差尽发全国精兵，迎战越军。两军在夫椒（今江苏苏州西南）对战。由于双方力量悬殊极大，越国只有招架之功，根本没有还手之力。一经交战越国军队被打得溃不成军，损失巨大，只剩五千余人退守会稽山。吴军乘胜追击，把会稽山围得水泄不通。

在生死存亡的危急关头，大夫范蠡提出委曲求全，主张用卑辞厚礼向吴求降，如若不允，就由勾践亲自去吴国做人质。勾践清醒过来，采纳范蠡的建议，决定委曲求全。一面准备死战，一面派文仲去向吴王求和，并用美女、财宝贿赂吴太宰伯嚭，要他劝说吴王夫差允许越国作吴的附属国，并声明如吴国不许，那么越国将破釜沉舟，与吴血战到底。伍子胥认为争霸中原不如灭越有利，并看出越国君臣卑辞厚礼的背后所隐藏的灭吴野心，因而坚决主张彻底灭越，否则，必将纵虎归山，后患无穷，并称"今不灭越，后必悔之"。但吴王夫差急于北上同齐争霸，认为越国既已投降，便名存实亡，不足为患。因此接受了越国的请求，将军队撤出越国。勾践侥幸逃脱灭国的灾难。

得以活命的勾践将国家的大权交给文仲，自己带范蠡去给吴王当奴仆，为吴王驾车养马，自己的王后也做了女奴，为吴王打扫宫殿。他们夫妻住在囚室，受尽屈辱而从不反抗。为了获得吴王的信任，勾践甚至口尝吴王夫差的粪便来判断吴王的病情。同时用大量美女和财宝拉拢吴国的大臣，终于获得吴王的信任，三年后被释放回国。

越王勾践回国后，首先下了一道罪己诏，检讨自己与吴国结仇，使很多百姓在战场送命，使国家几乎灭亡。勾践还亲自慰问伤残士兵和阵亡士兵的家属。他自己和王后住陋室、睡稻草，在工作和休息的地方挂上苦胆，吃饭之前先尝尝苦胆的滋味。他"身自耕作，夫人自织，食不加肉，衣不重采"，时刻提醒自己不要忘了屈辱。

越国由于战征人口减少，财力耗尽，越王勾践制定了休养生息的政策以恢复国家元气。他明确规定：妇女怀孕了，要报告官府，由官府派医生看护；生了男孩奖励两壶酒和一条狗，生了女孩奖给两壶酒和一条小猪；生三胞胎的家庭由官府出钱请乳母，生双胞胎的官府给粮食补助；凡死了嫡子的免除三年劳役，死了庶子的免三个月劳役。改革内政、减轻刑法、减免税赋，倡导百姓开荒种地，越国在十年内没有向人民征收赋税，百姓每家都有三年以上的粮食储备。勾践卧薪尝胆，推行积极的经济政策，使越国的实力得到了极大的增强，也使得老百姓获得实惠，因而对他十分爱戴。

勾践归国后，决心强国灭吴，在改革内政的同时，还实施了卓有成效的外交战略。在对外政策上，奉行"结齐、亲楚、附晋、厚吴"的方针。勾践不断送给吴王夫差优厚的礼物，表示忠心臣服，以消除他对越国的戒备；送美女西施、郑旦给他，使他沉溺女色，分散精力；贿赂吴臣，争取他们的同情和帮助；在吴国内部实施"离间计"，挑起其大臣不和；破坏吴国的经济，用高价收买吴国的粮食，使其内部粮价高涨，造成供应困难；采集良材，选派巧匠，送给夫差，促使其大兴土木，消耗人力、物力。上述措施，收效显著，壮大了自己，削弱了敌人，越国力量大为增强，发兵伐吴所缺乏的只是时机问题了。

在越国上下一心、励精图治、为复仇雪耻而磨刀霍霍之时，吴国却日趋腐败。夫差因胜而骄，过高地估计了自己的力量，看不到勾践决心灭吴的意图。他调用大量人力物力建造姑苏台，不分昼夜地同西施在上面寻欢作乐。同时，急于以武力威胁齐晋，称霸中原。公元前489年，吴国进攻陈国，第二年攻鲁，征服了附近的小国，为北进中原开辟了道路。夫差又征调大批民工构筑邗城，作为北上基地，开凿邗沟，沟通江淮，以利军运。为引导吴国北进中原，使之与晋、齐、楚为敌，创造乘虚袭吴的机会，勾践向夫差大献殷勤，让文仲率万名民夫协助吴国开凿邗沟，以推动夫差北上的步伐。

公元前484年,吴王夫差听说齐景公已死,决定北上伐齐。吴军联合鲁军,在艾陵击败齐军。战后,夫差更加骄横,认为只要最后压服晋国就可取得中原霸权,于是约定各国诸侯在公元前482年7月7日到黄池(今河南封丘西南)会盟。行前,夫差对太子友提出应防备越国乘虚而入的劝说不当回事,认为中原霸权唾手可得,不可坐失良机。因此亲自带去了吴国三万精锐部队,空国远征,北上黄池,只留下太子友等人率老弱病残一万人留守姑苏,勾践梦寐以求的机会终于来到了。勾践在吴国军队刚离国北上时,就想出兵攻吴。但范蠡认为时机未到,劝勾践暂缓出兵。公元前482年6月12日,勾践调集越军近五万余人,兵分两路,一路由范蠡率领,由海道入淮河,切断吴军自黄池的归路;一路由大夫畴无余等为先锋,勾践自率主力继后,从陆路北上直袭姑苏。吴太子友率兵到泓上(今江苏苏州近郊)阻止越军进攻。但吴国精锐部队已全部北上,实力不足,吴太子友主张坚守城池等待救援。但吴将王孙弥庸轻视越军,不听调遣,擅自率5000人出战,击败越军先头部队,俘获了越大夫畴无余、讴阳。首战小胜,使吴将更加骄傲轻敌。6月22日,勾践主力到达,向吴国军队发起猛攻,越国军队一举击败吴军,并俘虏太子友等人。接着越国军队进入吴国都城姑苏。

此时,吴王夫差正在黄池与晋定公争当霸主,听说越国军队攻下姑苏,只恐怕影响争霸,就一连杀掉七个来报告情况的使者以封锁这一不利消息,并用武士威胁晋国让步,终于勉强做了霸主。然后,夫差急忙回国。在途中,由于姑苏失守的消息已经传开,吴国军队连连接到太子被杀、国都被围等不利消息,吴军军心动摇,完全丧失了斗志。夫差感到现在回国反击越国军队没有必胜的把握,便派人向越国求和。勾践和范蠡也因实力不足以灭吴,同意和议,撤兵回国。

夫差向越求和后,本想马上报复越国,但是由于连年征战,生产遭到极大破坏,国内财力消耗过大,一时无力反击。夫差"息民散兵",企图恢复力量,等待时机以图东山再起。越国利用缴获的资财充实了自己,提高了战胜吴国的信心。

公元前478年,吴国发生空前的饥荒,勾践认为大举伐吴的时机已经成熟。经过充分的准备后,于3月率军出征,进军到笠泽(水名,今苏州南)。吴王夫差也率领姑苏所有的部队迎战越军。吴军在北,越军在南,双方隔水对阵。黄昏时,勾践在主力部队的两翼派出部分兵力隐蔽江中,半夜时鸣鼓呐喊,进行佯攻以调动敌人。夫差误以为越军两路渡江进攻,连忙分兵两路迎战。勾践乘机率主力放下旗帜,停止敲鼓,潜行渡江,出其不意地从吴军中间薄弱部位展开进攻,实行中央突破。吴军兵败溃退,越国军队乘胜追击,吴军退守姑苏城。而越国在这时采取了长期围困的战术,企图困死吴国军队。

吴军被围困在姑苏达3年之久,终于势穷力竭,突围逃到姑苏台上,但不久又被包围。吴王夫差企图效仿勾践当年的计策,向勾践求和。然而,此时的勾践却并非20年前的夫差，为免除后患，勾践断然拒绝了夫差的请求，夫差在绝望之中自杀，吴国灭亡，越国终于取得了吴越之战的最后胜利。越国带着灭吴的余威渡过淮水北上，与诸侯会盟，终于成就了春秋时期最后一个霸主梦。

越国作为一个较弱小的国家，能战胜实力强大的吴国，一个重要原因是越国能从失败中吸取教训，改革政治，争取了民众的支持。勾践在会稽战败后，制订了一系列改革措施，"去民之所恶，补民之不足"。同时，勾践以复仇雪耻为号召，激发民众积极参与灭吴战争，正顺应了越国人民要求摆脱吴国附庸地位的要求，因而获得了越国民众的支持。其次，在战略上，面对强敌，越国能够避其锋芒，制定以退为进、休养生息的政策，保存自己的实力，增强国力，为最终战胜强敌作好了充分准备。同时，针对吴国君臣的弱点，采取"利而诱之"、"强而避之"、"亲而离之"等策略，使吴王夫差狂妄自大，放松警惕，沉湎酒色，削弱了自己的实力。最后，越国在袭击吴国条件成熟时，采取了乘虚而入的作战方针，出其不意，攻其不备，给吴国军队以致命的打击，从而取得了灭吴之战的最后胜利。

从越国灭吴之战的全过程来看，越国用以战胜敌国的许多策略都与《孙子兵法·始计篇》所述的思想相吻合。因此，我们说越灭吴之战，正是孙子军事思想合理性与准确性的最好证明。

二、作战篇

— 孙子名言 —

故兵闻拙速，未睹巧之久也。

— 名言解读 —

"故兵闻拙速，未睹巧之久也。"所以，在军事上，只听说过指挥虽然简洁但求速胜的情况，而没有见过为讲究指挥繁复精巧而造成旷日持久的现象。意思是用兵以行动迅速为可贵，不要久拖不决。只有迅捷出兵，让人出其不意，攻其无备，才能取得胜利。可见在战争中速度的重要性。在这样一个效率优先的时代，我们更应该懂得时间就是生命，速度就是效率。任何事情一旦决定了，如果方向没有错就应该马不停蹄地去做，你不需要走一步看一步，你需要的就是完成你的计划，越快越好。没有什么事情不需要速度。不要以为只有你一个人在做这件事情，你和别人处于同一起跑线上，你稍微一停留，就会被别人甩得很远。不要以为某一个想法是你想出来的就一定属于你，当你高枕无忧的时候，别人早已将想法付诸实践了。

— 经典案例 —

5. 兵贵神速

"兵贵神速"这则成语是说，用兵贵在行动迅捷。意思是用兵神速，出其不意，攻其无备，就会取得胜利。

"兵贵神速"来源于《三国志·魏书·郭嘉传》。相传曹操打败了据有冀、青、幽、并四州的袁绍，杀了袁绍长子袁谭，袁绍的另外两个儿子袁尚、袁熙逃走，投奔辽河流域的乌丸族首领蹋顿单于。蹋顿乘机侵略汉朝边境，破坏边境地区人民的正常生产和生活。曹操有心要去征讨袁尚及蹋顿，但有些官员担心远征之后，荆州的刘表会乘机派刘备来袭击曹操的后方。

郭嘉就分析了当时的形势，对曹操说："您现在威震天下，但乌丸仗着地处边远地区，缺少防备，此时若进行突然袭击，一定能消灭他们。但若是贻误战机，让袁尚、袁熙喘过气来，重新召集残部，乌丸各族响应，蹋顿就有了野心，只怕到时我们连冀州、青州也会失去。刘表是个空谈家，知道自己才能不及刘备，不会重用刘备，刘备不受重用，也就不会为刘表出力。所以，您只管放心远征乌丸，不必有后顾之忧。"

曹操采纳了郭嘉的建议，率领军队出征乌丸。到达易县（今属河北）后，郭嘉又对曹操说："用兵贵在神速。现在到千里之外的地方作战，军用物资多，行军速度慢，如果乌丸人知道我军的情况，就会有所防备。不如留下笨重的军械物资，轻装上阵，以加倍的速度前进，乘敌人没有防备发起进攻，那就能大获全胜。"

曹操于是依照郭嘉的计策办，部队快速行军，直达蹋顿单于的军队驻地。乌丸人惊慌失措地应战，被打得一败涂地。蹋顿被杀，袁尚、袁熙仓皇逃往辽东后被太守公孙康所杀。

上面的故事告诉我们，兵贵神速，在一定条件下，欲速也可达。

- 孙子名言 -

故不尽知用兵之害者，则不能尽知用兵之利也。

- 名言解读 -

"故不尽知用兵之害者，则不能尽知用兵之利也。"孙子的意思是说不完全了解用兵弊端的人，也就无法真正理解用兵的好处。反观北魏攻打夏国统万城之战中夏军失败的原因，固然和大夏国的奴隶制政权及其残酷统治有关，但仅就其军事统帅而言，赫连昌指挥作战的缺陷也十分明显。在北魏军队第一次越过黄河袭击统万城之后，大夏国军队仍然没有注意加强黄河天险一带的战略防御，反而分散兵力去攻打长安，使北魏有了发动袭击统万城的时机。在北魏军队逼近统万城的时候，赫连昌没有认真分析出城速战的利弊，中了北魏的诱敌之计，临时改变以逸待劳、固守待援的作战计划，走出统万城轻率迎战，结果造成兵败城破、人亡国灭的遗恨。这一教训值得兵家深思。

- 经典案例 -

6. 北魏攻夏统万城之战

北魏与大夏统万城之战,发生在我国历史上东晋十六国时期。这是一场用骑兵攻陷城池的典型战例,指挥者为北魏太武皇帝拓跋焘。

北魏始光三年(公元426年)九月,北魏太武帝拓跋焘听说大夏君主赫连勃勃死了,他的儿子们互相残杀,局势动荡,于是派遣司空奚斤率兵4 500余人袭击大夏蒲坂(今山西永济西南),并派宋兵将军周几率万人袭击陕城(今河南陕县)。十月,魏帝自平城(今山西大同东北)出发,十一月进入君子津(今内蒙古准格尔旗东北黄河上),时值黄河封冻,于是拓跋焘率轻骑兵两万跨越黄河袭击大夏国都统万城(今陕西靖边东北白城子)。此城始建于东晋义熙九年(公元413年),夏国使用10万劳力、历时7年建成。城墙高约8丈,墙基厚30步,上宽10步,宫墙高约4丈,蒸土筑就,锥不能进,异常坚固。夏主赫连昌见魏军来攻,率兵出战，败退入城。魏军在城北大肆抢掠，俘杀数万人，得到十余万的牛马。但因城池坚固，难以攻下，于是迁移万余家当地民众返回。夏弘农太守曹达听说周几将要到达，无心应战仓皇逃跑。周几长驱直入三辅（今陕西关中地区）城。奚斤攻克蒲坂，并在十二月率兵进入长安（今西安西北），秦、雍（今陕西、甘肃一带）氐羌族人都向魏国投降。北凉主沮渠蒙逊及氐王杨玄均派遣使者表示归附魏国。

　　第二年正月，魏帝还平城，听说夏主命平原公赫连定率兵两万攻打长安，于是下令大造攻城器具，再次谋划攻打大夏。并于三月命高凉王拓跋礼镇守长安，另外派遣大将在君子津造桥。四月，魏奚斤军队和夏国军队在长安进入相持阶段。魏帝想乘虚袭击统万城，命令司徒长孙翰等率3万骑兵为先头部队，常山王拓跋素等率步兵3万为后继部队，南阳王伏真等率步兵3万运送攻城器具，另外让将军贺多罗率精骑3000人在军前作为候骑，充当前哨。五月，魏帝留下龙骧将军陆俟监督各个军队以防意外情况，魏帝自己率众离开平城，从君子津渡河到达拔邻山（今内蒙古准格尔旗境内）筑城。这时，北魏太武皇帝拓跋焘突发奇想，打算巧攻统万城，决定留下所有步兵，自己亲自率领骑兵去进攻。当时，所有大臣都认为步兵是攻打坚固城池的主力，不可以舍弃。但拓跋焘力排众议，说道："用兵攻城的战术，在军事上是下策，是不得以采用的。现在若等步兵、攻城器具齐备再去攻城，敌方见我方人多力量大，必然据城坚守，不敢出战。若我军攻城不下，时间一久，食尽兵疲，外无所掠，反而会陷入进退两难的境地。因此不如现在用轻骑直抵城下，敌人见我军步兵未到，意必松懈；我们再以疲惫弱小的一面展示给他们看，引诱他们出战，必能一举歼灭对方。再说，我军之所以适合采取轻骑决战，争取以速取胜，因为我军离家二千余里，又隔黄河，粮草运输困难。用现有的3万骑兵攻城虽不足，决战却有余。真所谓'置之死地而后生者也'。"这便是拓跋焘给群臣的理由。

于是，拓跋焘留下大多数大臣和所有的步兵以及笨重的军事物资，用3万轻骑快速先行。六月，魏帝率军到达统万城下，分兵埋伏在深谷之中，用少数人马至城下诱战。夏军坚守不出，魏帝退军示弱，另又派出5 000骑兵向西抢掠居民。北魏以少量骑兵直抵城下，故意示弱，引诱固守的夏军脱离坚城。夏主得知魏军粮尽，而且步兵未到，于是急忙率兵3万出击。魏帝拓跋焘见敌军出来迎战，喜不自禁。为诱使夏军深入并助长他们的骄气，魏国军队向西北方向佯装退却，夏军分两路追击魏军。这时，天气突变，骤然刮起东南大风，飞沙满天，雨随风至，赫连昌军队顺风追击，乘势猛攻魏军，魏军逆风，不利作战。魏帝拓跋焘镇定指挥，分出两队精锐骑兵为左右两队，绕到夏军主力身后顺风击之，大败夏军。赫连昌来不及入城，率残余部队逃奔上邽（今甘肃天水）。魏军进入统万城，掳获夏王、公卿、将领等数万人，搜走府库珍宝、器物不计其数，马30余万匹，牛羊数千万头。与魏军相持于长安的赫连定听说统万城已被攻破，也退逃到上邽。魏帝率军东还，以拓跋素为征南大将军，与执金吾桓贷、莫云留下镇守统万。

拓跋焘赏罚分明，他常挂在嘴边的一句话是："法者，朕与天下共之，怎敢轻也。"拓跋焘颇识事体，生活十分清俭，讨厌奢华。进入统万城，拓跋焘见夏国皇宫富丽堂皇，大怒说："竖子之国，一个巴掌大的国家，竟敢如此滥用民力！如此奢华，怎能不灭亡！"有不少大臣向拓跋焘提出，加固京城的城防，并且加强城建。拓跋焘不以为然，说："古人说得好，'在德不在险'，赫连勃勃造了坚固无比的统万城，最后不还是被朕攻灭，国破家亡。如今天下还没有平定，朕更需要人力上战场去打仗，而不是发动老百姓去建造房屋城墙。"而作为国本的军事上的开销，拓跋焘则绝不吝惜。

由此可见：夏国灭亡是与它的奢华残暴分不开的。魏太武帝审时度势，见统万城坚而不强攻，采取孤立统万，扫清外围的计谋，并且发挥其善于骑兵野战的特长，大获全胜。

7. 木牛流马巧夺粮草

建兴九年的二月，诸葛亮率大军攻打魏国，包围祁山，在西城大败司马懿。六月，粮草吃尽，只好撤退军队。为了解决军粮以便继续北伐，诸葛亮劝农讲武，命令军队在当地囤积粮食，以供应驻军的粮草。

有一天，长史杨仪报告说："如今粮米都存在剑阁，人力牛马搬运不方便，怎么办呢？"孔明笑道："我已为这事运筹谋划很久了，把以前所积存下来的木料，加上在西川收买下的大木头，拿去教人制造木牛流马，非常方便。这些'牛马'全都不用饮水，可昼夜运输，非常轻便。"

众人听了很惊奇，都说："从古到今，从来没有听说过有什么木牛流马，不知丞相有什么妙法，能造出这般神奇之物？"

孔明说："我已经下令让人依照图样制作，还未完工。我现在先把木牛流马的原理、尺寸方圆、长短宽窄写下来，你们大家来看一下。"众人十分高兴，孔明便在一张纸上写下，拿给众人观看。

其中制造木牛的方法是：方腹曲胫，一腹四足；头入领中，舌着于腹。载多而行少：独行者数十里，群行者三十里。曲者为牛头，双者为牛足，横者为牛领，转者为牛脚，覆者为牛背，方者为牛腹，垂者为牛舌。曲者为牛肋，刻者为牛齿，立者为牛角，细者为牛鞅，摄者为牛轴。牛御双辕，人行六尺，牛行四步，人不大劳，牛不饮食。

制造流马的方法是：肋长三尺五寸，广三寸，厚二寸五分，左右同。前轴孔分墨去头四寸。前脚孔分墨去头四寸五分，长一寸五分，广一寸。前杠孔去前脚孔分墨二寸七分，孔长二寸，广一寸。后轴孔去前杠孔分墨一尺五寸，大小与前同。后杠孔去后脚孔分墨二寸二分，后杠孔分墨四寸五分。前杠长一尺八寸，广二寸，厚一寸五分，后杠与等。板方囊二枚，厚八分，长二尺七寸，高一尺六寸五分，广一尺六寸；每枚受米二斛三斗。从上杠孔去下七寸，前后同上杠孔去下杠孔分墨一尺三寸，孔长一寸五分，广七分，八孔同。前后四脚，广二寸，厚一寸五分。形制如象。杆长四寸，径面四寸三分。孔径中三脚杠，长二尺一寸，广一寸五分，厚一寸四分。

众将看了一遍，都佩服得五体投地，说道："丞相真是神人啊！"

过了几天，木牛流马造好了，竟像活的一样，上山下岭，都十分方便。众人见了，真是没有一个不欢喜的。孔明命令右将军高翔带一千兵，驾着木牛流马，从剑阁直达祁山大寨，往来搬运粮草，供给蜀军之用。

话说司马懿正在愁闷，忽然哨马来报告说："蜀军用木牛流马转运粮草，人们不要用多大力气，牛马不需要吃东西。"

司马懿大惊道："我之所以坚守而不出战，正是因为蜀军粮草接济不上，等待他们自入绝境。如今他们使用这种办法，肯定是长久作战之计，不打算退兵了。这可怎么办？"于是急忙叫来张虎等二将吩咐道："你们到斜谷小路边埋伏，等蜀军赶木牛流马过来，你们就从他后面杀出，抢他三五匹便回来。"二将领命而去。

夜间，魏军突然袭击蜀军的运粮队。蜀军措手不及，丢下几匹木牛流马而去。张虎等很是高兴，把木牛流马驾回本营寨。司马懿一看，果然和真的一样，高兴地说："他会用这种东西，难道我就不会用吗？"于是下令，找来一百多个能工巧匠，当着他的面把木牛流马拆开，吩咐他们依照尺寸，去造出一模一样的木牛流马来。不到半个月，魏军竟造出了二千多只，和孔明所造的木牛流马果然相同，也能够奔走。于是，司马懿便命令镇远将军岑威带领一千军士，驱驾木牛流马，往陇西去搬运粮草，来回不断，魏营军士，无不欢喜。

高翔回来拜见孔明，说魏军把木牛流马各抢去了五六只。孔明微笑着说："我正是要他抢去。我只是损失了几匹木牛流马，不久却要得到他军中的许多物资呢！"

众将诧异地问道："丞相怎么知道？"

孔明说："司马懿见了木牛流马，一定会让人照着样子去制造，那时我又有新的计策来对付他了。"

几天后，有人来报告说："魏兵也会造木牛流马了，用来往陇西运送粮草。"孔明十分高兴，说道："果然不出我所料。"便叫来王平吩咐说："你带一千士兵，扮成魏国人，夜里偷偷越过北原，只对人说是巡粮军，混入敌人的运粮军中，把他们都杀散，把木牛流马赶回，直奔过北原来，这里一定会有魏国援兵赶到，你们便将牛马的舌头转过来，牛马就不能行动了，到时你们只管丢下牛马就走。魏兵赶到，牵拽不动，也扛抬不走。我们再有兵到，把木牛流马的舌头转过来，长驱大行，魏兵必然会疑心我们都是神怪，则不敢再追。"

王平受计离开，孔明接着又吩咐张嶷道："你带上五百军，都扮成六丁六甲的神兵，鬼头兽身，用五彩涂面，要作出各种怪异之状：一手举绣旗，一手拿宝剑，身上挂着葫芦，里面藏着烟火之物，埋伏在山边，等木牛流马来到时，就放起烟火一起拥出，赶牛马而行。魏人看见，一定认为是神鬼，不敢再追赶。"张嶷也受计带兵走了。

随后，孔明又召集魏延、姜维吩咐道："你二人带上一万士兵，到北原寨口去接应木牛流马。"二人领命而去。

且说魏将岑威率领军队驱木牛流马载运粮草，正往前行进的时候，忽然有士兵报告说前面有巡粮兵。岑威命令手下前去打探，果然是魏国士兵装扮，于是便放心地前进，两军合成一路。突然间喊声大震，蜀国士兵就在本队里杀起来，大呼："蜀中大将王平在此！"魏国士兵措手不及，被蜀国士兵杀死一大半。岑威领魏国败兵抵抗，被王平一刀斩了，其他人都溃散而逃。王平率领军队驱木牛流马而回。

  魏军的败兵飞奔报告北原营寨，大将郭淮听说军粮被劫，急忙带兵前来救援。王平叫蜀兵扭转木牛流马的舌头，全部丢弃在道上，边战边退。郭淮叫魏国士兵姑且不去追赶，只把木牛流马赶回去，却哪里驾得动。郭淮心中十分疑惑，正在无可奈何之际，忽然鼓角震天，喊声四面而起，又有两路士兵杀来，正是魏延和姜维。王平也带兵杀回，三路夹攻，郭淮大败而逃。王平命令军士将牛马舌头又扭转过来，驱赶而行。郭淮远远望见，刚想回兵再追，却见山后烟云突起，一队神兵拥出，个个手执旗剑，行态怪异，拥护木牛流马如风而去。郭淮见状十分惊讶地说："这一定是神灵在帮助他们啊！"魏国士兵没有一个不惊讶畏惧的，不敢再去追赶。

孙子名言

故知兵之将，民之司命，国家安危之主也。

名言解读

  "故知兵之将，民之司命，国家安危之主也。"孙子的这句话是说：懂得用兵之道的将帅，是民众生死的掌握者，是国家安危存亡的主宰者。自韩信的"明修栈道，暗渡陈仓"的计策就生动形象地说明韩信是懂得用兵之道的将帅。

— 经典案例 —

8. 韩信之暗渡陈仓计

两千多年前,项羽与刘邦楚汉争霸中,在今陕西省宝鸡附近陈仓这个地上,上演过一段"明修栈道,暗渡陈仓"的故事。

秦朝被推翻后,企图独霸天下的项羽,知道最难对付的敌手是刘邦,便故意把巴、蜀(都在四川)和汉中(在今陕西西南山区)三个郡分给刘邦,封为汉王,以汉中的南郑为都城,想把刘邦关进偏僻的山里去。而把关中(今陕西一带)分作三部分,分给秦朝的降将章邯、司马欣和董翳,以便阻塞刘邦向东发展的道路。项羽自封为西楚霸王,封地九郡,占领长江中下游和淮河流域一带广大肥沃的地方,以彭城(今江苏徐州)为都城。

当时的刘邦担心自己的威力无法和项羽相比,不得不暂时领兵西上,开往南郑。刘邦在前往南部的途中,接受谋士张良提出的建议,把一路走过的几百里栈道(即在险峻的悬崖上用木板架设的窄路)全部烧毁。一是为了便于防御,二是为了迷惑项羽,使他以为刘邦真的不打算出来了,从而放松对他的防范。

刘邦到了南郑,拜萧何推荐的韩信为大将,请他策划如何向东发展进而夺取天下。韩信提出先取关中,打开东进的大门,再向东发展,夺取天下的目标。

韩信拜为大将后,随即升帐阅兵,定出军律数条,号令帐外。大小将士,因韩信兵权在握,也只好勉强听他的指挥。韩信亲自监督操练，口讲指画，督导将领如何排列阵势，如何整齐步伐，如何奇正相生，如何首尾相应，如何集合和分散，如何常规和变化。种种兵法规章制度，都是刘邦手下将士不知道的。众人见识了韩信操兵，才知道他确有才学，非常人可比。于是，众人都生出敬畏之心，听命于韩

信。自韩信操兵，几日之后已是军容严整，城防面目一新了。刘邦这时已有与项羽相抗的心思，又见韩信将军容整治得如此齐整，于是召集韩信前来商议。两人心意相通，定在汉王元年八月吉日，率领军队东征。当时，出蜀的栈道已被烧毁，不能行军。其实，汉王刘邦早已同张良定下了"明修栈道，暗渡陈仓"的计策，这次又问韩信该如何进兵。韩信说的与张良不谋而合。刘邦高兴地说："真是英雄所见略同啊！"于是派了几百兵士，装作去修建栈道，自己却同韩信率领三军，悄悄地从南郑出发。留了丞相萧何守住巴蜀川地，征税收粮，接济军饷。

这时正值仲秋，天高气爽，将士们也都想要快点东归，于是日夜兼程，从过去废弃的小路直奔陈仓而来。

雍王章邯，原本奉了项羽的密嘱，堵住汉中，作为第一道门户，防止刘邦率军出川。章邯时常派兵巡查，就怕刘邦出击。不过他算差了一着棋，总以为刘邦要想东出，必须经过栈道，而栈道被烧毁还没重修，不能通行，所以章邯安下心来，一点儿也不加防备。这天有探马来报，说汉兵已有数百人，在修理栈道。章邯笑着说："栈道那么长，烧毁的时候容易，再修筑却是万难啊！就这么几百人，能当什么事？刘邦想要东进，当时又何必烧掉栈道，真是笨得可以了！"又有人报说，刘邦已任命韩信为大将。章邯不知道韩信是什么人，就又派人去探听消息，派出去的人回来报说了。章邯听说韩信曾经钻入胯下受辱，就又大笑说："胯下匹夫，也配做大将么？刘邦这么糊涂，怪不得看他做事可笑。以前烧栈道，已经失策；现在修栈道，又只派了几百人，我倒要看他到何年何月才能修完。"于是更加轻视刘邦，根本不把他放在眼里。

八月中旬，就在章邯高枕无忧的时候，忽然有一天，传来急报说："汉军已经攻入关中，陈仓（今陕西宝鸡县东）被占。"章邯怀疑情报不准，跟左右人说："栈道还没修好，汉军又从哪里出来，难道能插翅高飞么？"话虽这样说，但也不得不再派人去探听明白。没过多久，就有陈仓的士兵逃到废邱，向章邯报称刘邦亲率大军，攻下了陈仓，杀死守将。章邯这才有惊慌起来，自己想："汉军没有经过栈道，是怎么走的？难道另外有小径可到陈仓？还是我亲自领兵，前去阻击。"于是，章邯率领数万精兵，直奔陈仓。两军相遇，便开始交战。汉军是积愤已深，各自奋不顾身，勇猛冲杀。章邯的兵士，却大多是秦的降军，勉强归附的，怎肯为章邯拼尽死力，送了性命？所以战斗没打多久，章邯的军队就溃败了，四散奔逃。章邯只好收拾残军败走，奔往好畤，汉军从后追杀，不肯罢休。后来，章邯因为吃了败仗，走投无路，拔剑自杀了。刘邦继续率大军进攻，驻守关中东部的司马欣和北部的董翳，也都相继投降。号称三秦的关中地区，被刘邦全部占领，为他日后称霸天下奠定了坚实的基础。

这就叫做"明修栈道，暗渡陈仓"。它告诉我们：当自己的实力没有敌人强大时，不要一味反抗，可以先麻痹敌人，给对方造成错觉，再暗自积蓄力量，然后瞅准时机，争取最后的胜利。

三、谋攻篇

— 孙子名言 —

故曰：知彼知己者，百战不殆；不知彼而知己，一胜一负；不知彼，不知己，每战必殆。

— 名言解读 —

故曰：知彼知己者，百战不殆；不知彼而知己，一胜一负；不知彼，不知己，每战必殆。所以说：既了解敌人，又了解自己，百战都不会有危险；虽不了解敌人，但是了解自己，那么可能胜利，也可能会失败；既不了解敌人，又不了解自己，那么每次用兵都会有危险。齐国宰相管仲、西晋名将羊祜、"挟天子以令诸侯"的曹操就能做到"知彼知己"。

— 经典案例 —

9. 管仲买鹿灭楚

《管子·轻重》中记录了这么一个故事。管仲把齐国治理得很好，征服了许多割据一方的诸侯国，辅助齐桓公称霸中原。可楚国不听齐国的号令，齐国若不征服楚国，华夏仍不能统一。齐桓公把南方的楚国看成自己王霸事业上的"假想敌"，整日里都在琢磨如何削弱楚国。但楚国的军事战斗力很强，这让齐桓公头疼不已。

当时，齐国有好几位大将军纷纷向齐桓公请求征战，要求率重兵去攻打楚国，以期用军队的士气震慑楚国，使其俯首称臣。但担任相国的管仲连连摇头，说："楚国是一个强国,其人民精通格斗的技巧。我们要举兵讨伐楚国,恐怕力不从心。大规模发动战争会把我们辛辛苦苦积蓄下来的粮草用光,而且齐楚两国万人的生灵将成为尸骨,那么以后的路该怎么走呢?"一番话把大将军们说得哑口无言。管仲说完,带大将军们看炼铜去了。他们不知道管仲有何妙计征服楚国。

有一天,管仲派出100多名商人到楚国去购鹿。当时,鹿是较稀少的动物,仅楚国才有。但人们只把鹿作为一般的可食动物,两枚铜币就可买一头。管仲派去的商人在楚国到处扬言:"齐桓公好鹿,不惜重金收购。"

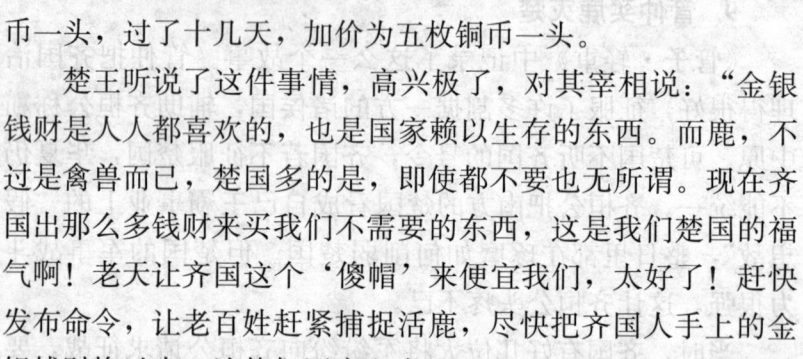

楚国商人见有利可图,纷纷加紧购鹿,起初三枚铜币一头,过了十几天,加价为五枚铜币一头。

楚王听说了这件事情,高兴极了,对其宰相说:"金银钱财是人人都喜欢的,也是国家赖以生存的东西。而鹿,不过是禽兽而已,楚国多的是,即使都不要也无所谓。现在齐国出那么多钱财来买我们不需要的东西,这是我们楚国的福气啊!老天让齐国这个'傻帽'来便宜我们,太好了!赶快发布命令,让老百姓赶紧捕捉活鹿,尽快把齐国人手上的金银钱财换过来,让他们国库空虚!"

为炒作这一事件,管仲还十分重视地对来自楚国的官方采购商人说:"如果,你能给我弄来二十头活鹿,我就赏赐你黄金百斤;弄来二百头,你就可以拿到千斤黄金了。这样,楚国就算不向老百姓征税,财物也够用了。"

楚国上下都轰动了:无论在官方还是民间,无论男女老少,全都来劲了,颇有点今天"全民炒股"的味道。老百姓都放下手头的农活,漫山遍野地去捕捉活鹿。

这个时候,管仲让大臣们悄悄地在齐、楚两国的民间收购并囤积粮食;楚国靠卖活鹿赚的钱,比往常多了五倍;齐国收购囤积的余粮,也比往常多了五倍。

于是,管仲对齐桓公说:"好了,这下我们可以安心去攻打楚国了!"

齐桓公问:"为什么?"

管仲回答:"楚国拿了比往常多五倍的钱物,却误了农时,粮食又不可能几个月时间就可以收割的,楚国到时候一定会去收购粮食的。到时候我们只管封锁边境贸易就行了。"

齐桓公恍然大悟,于是下令封闭与楚国的边境贸易往来。这样一来,楚军人黄马瘦,大大丧失战斗力;逃往齐国的楚国难民多达本国人口的十分之四。管仲见时机已到,立即集合八路诸侯的军队,浩浩荡荡,开往楚境,大有席卷楚国的气势。楚成王内外交困,无可奈何,忙派大臣求和,同意不再割据一方,欺凌小国,保证接受齐国的号令。

管仲不动一刀,不杀一人,就制服了本来很强大的楚国。"知彼知己者,百战不殆",管仲或许称得上是世界上第一个发动"经济战争"的谋略高手。

10. 羊祜边境攻心战

西晋名将羊祜(公元221—278年)逝世不久,吴国被平定了。班师回朝，论功行赏。晋武帝双眼泪光盈盈，喃喃自语："说良心话，这都是羊祜公立下的功劳啊。要论功劳，他最大。"

原来，公元269年（西晋武帝泰始五年），羊祜奉晋武帝之命征讨吴国，成功地运用了攻心的战术。

晋吴两国大动干戈，战争不断，常有吴国兵将前来投降。羊祜细细问过一遍后，总宽宏大量地说："想回去也行，你们可以来去自由。"每次外出活动，羊祜常穿一身轻便皮衣，从不穿着铠甲。他的住所附近，侍卫总不超过20人。一有空闲，羊祜就跟将士们一块儿去打猎捕鱼。这一切，全给吴国士兵看在眼里。他们从来未见过这么平易近人的敌军将领，渐渐失去敌意，纷纷越过边界向羊祜投降。吴军的斗志，开始慢慢松懈下来。

羊祜这人很奇怪，两国交战，他不搞突然袭击。晋、吴将士，云集在战场。一时狼烟四起，战鼓声在耳边响个不停。有位将领说要献"诈兵"的计策，羊祜却呼唤左右侍从说："来，把他捉住，用美酒灌醉他，让他开不了口。"那将领被扭着灌了个酩酊大醉。两军交战正激烈时，有人捉来了两个吴国小孩子，两个小孩瞪圆了双眼，惊恐万分。羊祜冲他俩慈爱地笑了，忙招呼士兵说："送他们俩回去，一定要找到他们俩的家，一定要保证他们俩平安无事。否则，拿你们问罪！"两个小孩子破涕为笑。不久以后，吴国将领夏详等前来投降，那两个小孩子的父亲因此大受感动，也带着部将前来投降。

有一次，吴国将领陈尚、潘景入侵晋国的土地，羊祜派兵追赶还击，截杀了他们。事后，羊祜却隆重地给他们举行葬礼。羊祜高声宣扬他俩是宁死不屈、报效吴国的忠臣。陈尚、潘景的弟子听到这个消息后，悄悄赶来送葬，羊祜以隆重的礼节相迎，送以真诚的祝福。吴国将领邓香率领军队入侵晋国朝夏口，被晋军打得一败涂地，本人也被羊祜活捉了。邓香被晋国士兵捆绑押送到羊祜面前时，心中诚惶诚恐，羊祜却微笑着挥手吩咐手下松绑，饶恕了他。邓香感激得眼泪直流，连连叩头作揖。他返身回到吴国，马上带领大队人马投降了羊祜。

羊祜这边的人一旦进入吴国领土，都有特殊的规定。收割吴国的谷物当军粮了，都要统计好数目价值，送给吴国百姓丝织品作为偿还。羊祜和手下兵将驰骋在吴、晋两国边界打猎、游玩，总在晋国的边地活动，从不踏上吴国土地。禽兽不会识别边境线，有时它们乱窜，一旦禽兽先被吴国人射伤逃到晋国这边来，羊祜总吩咐手下绑好后送还给吴国人。

没多长时间，吴国人对羊祜心悦诚服。吴国虽与晋国敌对，却尊称羊祜为"羊公"。跟羊祜对战的吴国将领陆抗也竖起大拇指称赞道："羊公胸怀宽广，连乐毅、诸葛亮都比不上他啊！"

吴国人的心逐渐偏向羊祜，这一切，都为晋国征服吴国奠定了思想基础。晋武帝会这么动情地追念这位去逝的大臣，也就不奇怪了。

11. 曹操流言分敌

乌巢抢劫粮食成功以后，曹操乘胜追击，向袁绍的军队发起全面的进攻。可是，"百足之虫，死而不僵"（意指各方面都富足的诸侯国，即使被打败了，也不会马上灭亡）。再说袁绍的力量还相当雄厚，而且军队集中，一时间想攻破袁绍军队，还需要花费相当的时间和精力。

这时候，谋士荀攸向曹操献了一条计策说："我们必须分散袁绍的军队的兵力，才能给他以致命打击。"

曹操说："怎么分散法？你说说看。"

荀攸说："我们可以对外扬言要调兵遣将，一路军队去攻打酸枣、邺郡；一路军队去占领黎阳，断绝袁绍的军队逃跑的道路。袁绍一听到这个消息，必定会分开兵力进行抵抗。我们就可以乘他调兵分散的时候，把握这个机会大破袁绍的军队。"

曹操听了以后非常高兴，十分欣赏谋士荀攸的才华，于是采纳荀攸的计谋，派出官兵间谍，四下散播调兵遣将攻打袁绍的流言。

袁绍军队的探子听到这个"消息"，快马加鞭，向袁绍报告说："曹操要分兵两路，一路攻取邺郡，一路攻打黎阳。"袁绍听了之后果然大惊失色，心想：邺郡、黎阳两地是我退回河北的咽喉要地，如果有所闪失被攻陷的话，我不是死无葬身之地了吗？曹操这个老贼的确狡猾厉害！我一定要吸取失去乌巢的沉痛教训。想完之后，袁绍就急忙委派袁谭分5万精兵回头救取邺郡，又委派辛明分5万精兵回头挽救黎阳，袁绍的军队连夜开始拔桩收营，奔赴两地。

曹操的眼线探知袁绍分调兵马，于是命令自家军队兵分八路，齐头并进，正面冲击袁绍的军队营寨。袁绍的军队突然遭此袭击，慌作一团，士气顿失，四散逃窜。袁绍来不及披挂甲袍头盔上阵，就穿着单衣、包着头巾匆匆上马而逃，曹军的张辽、许褚、徐晃、于禁四名将领急追不舍。袁绍急匆匆渡过黄河，丢下大量的金帛车骑，只率领800多名骑兵和随从逃回河北。曹操大获全胜，缴获无数战利品，消灭袁绍的军队8万多人。

从这以后，袁绍的势力大大削弱，袁绍本人也元气大伤，一蹶不振。

— 孙子名言 —

故知胜有五：知可以战与不可以战者胜；识众寡之用者胜；上下同欲者胜；以虞待不虞者胜；将能而君不御者胜。此五者，知胜之道也。

— 名言解读 —

孙子的这句话是说，预知胜利的情况有五种：知道可以打或不可以打的，能够胜利；了解士兵多和士兵少的不同用法的，能够胜利；全军上下同心同德的，能够胜利；将帅有才能而国君不加牵制的，能够胜利。凡此五条，就是预知胜利的条件。春秋时期的晋楚城濮之战，就运用了许多孙子的谋略。

― 经典案例 ―

12. 晋楚城濮之战

俗话说"先下手为强，后动手遭殃"。在军事上，"先发制人"也是一个重要的命题。早在《左传》中便有"先人有夺人之心"的提法，兵书

中也多强调"兵贵先"、"兵贵神速"，意思都是主张争取作战中的先机之利。

可是，事情并不是绝对的。在一定条件下，"后发制人"也是军事斗争中的一种重要手段，它与"先发制人"之间存在着辩证的统一。后发制人其实质便是积极防御，就是以防御为手段，以反攻为目的的攻势防御，它常常成为较弱一方克敌制胜的重要法宝。春秋时期的晋楚城濮之战，就是这方面的典型战例之一。

城濮之战发生于鲁僖公二十八年（公元前632年），它是春秋时期晋、楚两国为争夺中原霸权而进行的第一次战略决战。在这场战争中，楚军在实力上占有优势，但是由于晋军善于"伐谋"、"伐交"，并在战略指导上采取了扬长避短、后发制人的方针，从而最终击败了不可一世的楚军，"取威定霸"，雄踞中原。

春秋时期，大国争霸，最先崛起的是东方的齐国。齐桓公死后，齐国内乱不断，霸业被迫中断。这时，位于长江中游地区的楚国乘机在黄河流域扩展势力，并在泓水之战中挫败宋襄公争霸的企图，将自己的势力范围发展到长江、淮河、黄河、汉水之间，控制了郑、蔡、卫、宋、鲁等众多中小国家。

正当楚国势力急剧向北发展的时候，在今山西、河南北部、河北西南一带的晋国也兴盛了起来。公元前636年，长期流亡在外的晋公子重耳历尽艰辛，终于回国即位，他就是历史上著名的晋文公。他执政后，对内修明政治，任用贤能，发展经济，主张节俭，整顿军纪；对外高举"尊王"旗帜，争取邻国支持，从而逐步具备了争夺中原霸权的强大实力。

晋国的崛起和壮大，引起了楚国的严重不安。两国之间的矛盾因此日趋尖锐。围绕对宋国的控制权问题，最终导致了这一冲突的全面激化。

公元前634年，鲁国因和曹、卫两国结盟，几度遭到齐国的进攻，便向楚国请求援助。泓水之战后被迫屈服于楚国的宋国，看到晋文公即位后，晋国实力日增，也就转而依附晋国。楚国为了维持自己在中原的优势地位，便出兵攻打齐、宋，并想借此来控制晋国势力的东进和南下。而晋国也不甘心长期驻守在黄河以北一带，于是便利用这一机会，以救宋为名，出兵中原。

公元前633年冬，楚成王率领楚、郑、陈、蔡多国联军进攻宋国，围困宋都商丘。宋成公在危急中派大司马公孙固到晋国求救。晋国大夫先轸认为这正是"报施救患，取威定霸"的良机，极力主张晋文公出兵。但是，当时在晋、宋之间隔着曹、卫两国，劳师远征，有侧背遇敌的危险；况且楚军实力强大，正面交锋也无必胜之把握。正当晋文公为此犹豫不决的时候，狐偃进而向晋文公提出建议：先攻打曹、卫两国，调动楚军北上，以解救宋国。这一建议坚定了晋文公出兵的决心。战略方针确定后，晋国君臣随即进行了战前准备，将原来的两个军扩编为上中下三个军，并任命了一批比较优秀的贵族官吏出任各军的将领。

准备就绪后，晋文公在公元前632年1月统率大军渡过黄河，进攻卫国，很快占领了整个卫地。接着，晋军又向曹国发起了攻击，三月间，攻克了曹国都城陶丘（今山东定陶），俘虏了曹国国君曹共公。

晋军攻打曹、卫两国，原来的意图是想引诱楚军北上，然而楚军却不为所动，依然全力围攻宋都商丘。于是，宋国又派门尹般向晋国告急求援。这就使得晋文公感到进退两难：如不出兵赶去救援，那么宋国的力量不能支撑，一定会投降楚国，和晋国断交，损害自己称霸中原的计划；但若出兵救援，那么原定诱使楚军在曹、卫之地决战的战略意图将会落空，而且本国兵力有限，在远离本土情况下与楚军交战恐怕难以取胜。为此，晋文公再度召集大臣进行商议。先轸仔细分析了形势，建议让宋国表面上同晋国疏远，然后由宋国出面，送一份厚礼给齐、秦两国，由他们去请求楚军撤兵。同时，晋国把曹、卫的一部分土地赠送给宋国，以坚定宋国抗楚的决心。楚国同曹、卫本来是结盟的，如今看到曹、卫的土地为宋所占，必定会拒绝齐、秦的劝解。齐、秦既接受了宋国的厚礼，这时便会抱怨楚国不听劝解，从而同晋国站在一起，出兵与楚国作战。晋文公对此计颇为赞赏，马上一一施行。楚成王果然拒绝了齐、秦的调停，而齐、秦见楚国不给自己面子，也大为恼怒，便出兵帮助晋国。齐、秦都是当时的大国，他们放弃中立立场，使得晋、楚双方的力量对比发生了重大的变化。

楚成王看到晋、齐、秦三大国结成联盟，形势明显不利于己。楚成王主动把楚军撤退到楚国的申地（今河南南阳），并命令驻守谷邑的大夫申叔迅速撤离齐国，要求令尹子玉将楚军主力撤出宋国，避免与晋军发生冲突。他告诫子玉，晋文公非等闲人物，不可小看，凡事要量力而行，适可而止，知难而退。

但是子玉却骄傲自负，根本听不进楚成王的劝告，仍坚决要求楚成王允许他与晋军决战，以打消有关他指挥无能的流言，并请求楚成王增调兵力。楚成王优柔寡断，同意了子玉的决战请求，希望他侥幸取胜；但是又不肯给子玉增拨充足的决战兵力，只派了西广、东宫和若敖等少量兵力前往增援。

子玉得到了楚成王增派的这部分援兵后，更加坚定了他同晋军作战的决心。为了寻找决战的借口，他派遣使者宛春故意向晋军提出了一个"休战"的条件：晋军撤出曹、卫，让曹、卫复国；楚军则解除对宋都的围困，撤离宋国。子玉这一招不怀好意，实际上是要让晋国放弃争霸中原、号令诸侯的努力。晋文公采纳了先轸更为高妙的对策：一方面将计就计，以曹、卫同楚国绝交为前提条件，私下答应让曹、卫复国；另一方面扣留了楚国的使者宛春，以激怒子玉来寻战。子玉眼见使者被扣，曹、卫背叛自己归附晋国，果然恼羞成怒，倚仗楚、陈、蔡联军兵力的优势，气势汹汹地扑向晋军，寻求战略决战。晋文公见楚军向曹都陶丘逼近，为了避开楚军的锋芒，选择有利的决战时机，诱敌深入，后发制人，于是下令部队主动"退避三舍"，撤到预定的战场——城濮（今河南濮城）一带。

晋军的"退避三舍"，实际上是晋文公谋略胜敌的重要一着妙棋，它让晋国在政治上赢得了主动——"君退臣犯，曲在彼矣"，赢得了舆论上的同情。在军事上造就了优势——便于同齐、秦等盟国军队会合，集中兵力；激发晋军将士力战的情绪；先据战地，以逸待劳等等。从而为晋军后发制人，夺取决战胜利奠定了坚实的基础。对晋军的主动后撤，楚军中不少人都感到事出有因，主张持重待机，停止追击。然而刚愎自用的子玉却认为这正是聚歼晋军，夺回曹、卫的大好时机，指挥士兵跟踪追至城濮。

晋军在城濮驻扎下来，齐、秦、宋诸国的军队也陆续抵达和晋军会合。晋文公检阅了部队，认为士气高昂、战备充分，可以同楚军一战。楚军方面，决战的准备也在积极进行之中，子玉将楚军和陈、蔡两国军队分成中、左、右三军。中军为主力，由他本人直接指挥；右翼军由陈、蔡军队组成，战斗力薄弱，由楚将子上统率；左翼军也是楚军，由子西指挥。

公元前632年4月4日，城濮地区上空战云弥漫，晋楚两军在这里展开了一场战车大会战。在决战中，晋军针对楚国中军较强、左右两翼薄弱的部署态势，以及楚军统帅子玉骄傲轻敌、不懂虚实的弱点，采取了先击其两侧，再攻其中军的作战方针，有的放矢地发动进攻。晋将胥臣把驾车的马匹蒙上虎皮，出其不意地首先向楚军中战斗力最差的右军——陈、蔡军猛攻。陈、蔡军遭到这一突然而奇异的打击，顿时惊慌失措，一触即溃，楚右翼就这样迅速就歼灭了。

接着晋军又采用"示形动敌"、诱敌出击，而后分割聚歼的战法对付楚的左军。晋军上军主将狐毛，故意在车上竖起两面大旗，引车后撤，装出退却的样子。同时，晋军下军主将栾枝也在阵后用战车拖拉树枝，飞扬起地面的尘土，假装后面的晋军也在撤退，以引诱楚军出击。子玉不知这是计谋，下令左翼军追击。晋中军主将先轸、佐将郤溱见楚军中了圈套，盲目出击。便立即指挥最精锐的中军横击楚左军。晋上军主将狐毛、佐将狐偃也乘机返回军中夹攻。楚左翼遭此打击，退路被切断，完全陷入了重围，很快也被消灭了。子玉这时见其左右两军均已失败，大势尽去，不得已下令中军迅速脱离战场，才得以保全中军实力。楚军战败后，向西南撤退到连谷，子玉不久被迫自杀。城濮之战就此以晋军取得决定性胜利而告结束。

城濮之战后，晋文公在践土（今河南郑州西北）朝拜周王，会盟诸侯，向周王献楚国俘虏，四马兵车一百乘及步兵一千名。周襄王正式命晋文公为侯伯。晋国终于实现了"取威定霸"的政治、军事目标。

城濮之战初期，晋军兵力劣于对手，又渡过黄河在外线作战，处于不利的地位。但是晋文公能够善察战机，虚心采取先轸等人的正确建议，选择邻近晋国的曹、卫这两个楚的邻国为突破口，先胜弱敌，取得以后作战的前进基地。随后又运用高明的谋略争取齐、秦两大国与自己结成统一战线，争取了战争的主动权。当城濮决战之时，敢于贯彻后发制人的作战方针，主动"退避三舍"，避开楚军的锋芒，以争取政治、外交和军事上的主动，诱敌冒险深入，伺机决战。同时与齐、秦、宋各国军队会合，集中起相对优势的兵力；并针对敌人的作战部署，乘着机会攻击虚弱地点，灵活地选择主攻方向，先攻打敌人的薄弱环节，然后各个击破，从而获得了这场战略决战的辉煌胜利。

反观楚军方面，则是君臣不和，将骄兵惰，君主昏庸无能，主帅狂妄轻敌，既不知妥善争取与国，又不能随机多谋善断。加上作战部署上的失宜，军情判断上的错误，临战指挥上的笨拙，终于导致了战争的失败，将自己在争霸中原中的优势地位拱手让人，给后人留下了极其深刻的教训。

- 孙子名言 -

是故百战百胜，非善之善者也；不战而屈人之兵，善之善者也。

- 名言解读 -

"是故百战百胜，非善之善者也；不战而屈人之兵，善之善者也。"孙子这句话的意思是说：百战百胜，并不就是高明中最高明的；不经过交战而能使敌人屈服，这才算是最高明的。孙子在《谋攻篇》中提出夺取胜利的两种策略,一种是获胜的战略,即通过战争而夺取胜利;另一种则是"不战而屈人之兵"。"烛之武退秦师"就是不战而胜的战例。烛之武之所以能顺利地说服秦穆公退兵,关键抓住了消灭郑国对秦晋的利害关系。烛之武通过分析,既让秦国看到灭郑对秦无利,也让秦穆公明白晋国谋求霸权的野心。烛之武的一番话讲得有理有据,利害分明使秦穆公心悦诚服,答应撤兵。在郑国危急存亡的关头成功实施谋略,烛之武达到了使秦晋两国不战自退的效果。

— 经典案例 —

13. 烛之武退秦师

烛之武退秦师,是秦晋联合攻打郑国之前开展的一场外交斗争,事情发生在公元前 630 年

(鲁僖公三十年)。公元前 632 年,爆发了晋楚争霸的城濮之战,结果楚国战败,晋国在诸侯中赢得了霸主地位。在城濮之战中,郑国曾经出兵帮助楚国打仗,因而和晋国结下怨恨,这就是晋秦两国联合攻打郑国的直接原因。这次战争,也可以说是城濮之战的余波。

晋文公和秦穆公联合出兵围攻郑国,晋军驻扎在函陵,

秦军驻扎在南。郑国是一个小国，因为郑国曾经对晋文公无礼（晋文公落难时候，曾经到过郑国，不受礼待），并且在与晋国结盟的情况下又想与楚国结盟（郑伯有曹盟在先，又不肯专一服从晋国，还产生和楚国结盟的野心）。危急时刻，郑国国君郑文公连夜召集文武百官商量对策。文官武将们一致认为，以郑国的实力，是不足以抵抗秦晋两国军队的联合进攻的，最好的办法是派出使者，从秦晋两国的关系入手，晓之以利害，说服秦国退兵。这样，晋国就孤掌难鸣，极有可能会停止对郑国的进攻。

大臣佚之狐对郑文公说："郑国处于危险之中，如果能派烛之武去见秦穆公，一定能说服他们撤军。"郑文公采纳了这一退兵方案，决定派富有外交经验、善于辞令的大臣烛之武前去说服秦国退兵。烛之武却推辞说："我年轻时，尚且不如别人；现在老了，做不成什么了。"郑文公说："我早先没有重用您，现在危急之中求您，这是我的过错。如果郑国灭亡了，对您也不利啊！"烛之武勉强答应了郑文公的请求。

当时，秦国的军队驻扎在城东，晋军驻扎在城西。到了夜晚，郑国守城的官兵用绳子系在烛之武的腰上，将他从城上放下去，烛之武出城后，直奔秦军营前，要求去见秦穆公。秦穆公部下的人将他带到秦穆公面前。烛之武见到秦穆公，便开门见山地对秦穆公说："秦晋两国围攻郑国，郑国眼见就要灭亡了。如果灭掉郑国对您有好处，那么冒昧请您灭了郑国，我也就不用来见穆公您了。"接着，烛之武从晋、秦、郑三国的地理位置入手，分析灭郑对秦晋的利弊。他说：“您知道，我们郑国在东，秦国在西，中间隔着晋国。但若要越过晋国把远方的郑国作为秦国的东部边境，您知道这是困难的，那么，您又何必要灭掉郑国而增加邻邦晋国的土地呢？邻邦的国力雄厚了，您的国力也就相对削弱了。假如放弃灭掉郑国的打算，而让郑国作为您秦国东道上（招待过客）的主人，秦国使者往来，郑国可以随时供给他们所缺乏的东西，好好款待他们，对您秦国来说，也没有什么害处。况且，您曾经对晋惠公有恩惠，他也曾答应把焦、瑕二城割让给您。然而，他早上渡河返回晋国，晚上就修筑城墙准备对抗秦国，这您是知道的。现在晋国天天扩充军备，其野心根本没有满足的时候。现在它已把郑国当作自己东部的疆界，又想扩张西部的疆界。如果不侵害并损伤您秦国，晋国从哪里取得它所企图得到的土地呢？秦国遭受损失而晋国得到好处，您好好掂量掂量这件事吧！”

秦穆公听了之后，觉得烛之武说得十分在理，答应立即撤兵，并且高兴地与郑国签订了盟约。留下杞子、逢孙、杨孙帮郑国守卫，秦穆公悄悄率领军队回国。

大臣子犯请求晋文公下令攻击秦军。晋文公对秦穆公不辞而别，非常气愤，无奈地说：“不行！假如没有秦穆公那人的支持，我就不会有今天。借助了别人的力量而又去损害他，这是不仁义的；失掉自己的同盟国，这是不明智的；以混乱代替联合一致，这是不勇武的。我们还是回去吧！”于是，晋国军队也撤离了郑国。

四、军形篇

- 孙子名言 -

孙子曰：昔之善战者，先为不可胜，以待敌之可胜。不可胜在己，可胜在敌。故善战者，能为不可胜，不能使敌之可胜。故曰：胜可知而不可为。

- 名言解读 -

孙子曰：昔之善战者，先为不可胜，以待敌之可胜。不可胜在己，可胜在敌。故善战者，能为不可胜，不能使敌之可胜。故曰：胜可知而不可为。孙子说：从前善于用兵打仗的人，先要做到不会被敌方战胜，然后抓住时机战胜敌人。不会被敌人战胜的主动权在自己手中，能否战胜敌人则取决于敌人是否有间隙可乘。所以善于打仗的人，能创造不被敌人战胜的条件，但却不可能做到使敌人一定被我战胜。所以说，胜利可以预知，但是不可强求。秦赵邯郸之战就是典型战例。

- 经典案例 -

14. 秦赵邯郸之战

公元前262年，韩国遭到了秦国的进攻，秦国占领了韩国好多的地区。韩王非常恐惧，忙派使者入秦，表示愿意献出上党郡求和。但上党郡太守不愿意献地给秦，他为了转移矛盾，减轻秦国对韩国的压力，就将上党郡献给了赵国。赵王贪利受地引起了秦国的不满，于是秦国出兵攻赵，爆发了长平之战。长平之战最终以秦国胜利而结束,赵国答应割地六城给秦国。而邯郸之战,是战国时期秦国和赵国之间进行的另一场战争,也可以说是长平之战的继续。

长平之战后,赵孝成王准备按照和约割让六城给秦国,但众臣意见不统一。大臣虞卿认为:秦国撤兵,是由于力量不足,如果现在将秦不能攻取的土地拱手奉送,无异于鼓励秦国攻赵。朝臣赵郝与楼缓则认为应及早割城给秦,以避免各国乘机瓜分赵国。虞卿力劝赵王以六城来拉拢齐国,他认为齐秦结怨较深,齐得赵国的六城,一定愿意与赵合力攻打秦国,秦国就会向赵国求和,韩、魏也会尊重赵国,从而赵国可与齐、韩、魏三国结成联盟。

赵王采纳了虞卿的建议。在外交方面,派虞卿向东拜见齐王,商讨联合起来进攻秦国的计划;与魏订立合纵盟约;以灵丘(今山西灵丘)之地送楚相春申君黄歇,和楚国结为盟好;此外对韩、燕两国也极力拉拢。在内政方面,缓和内部矛盾,积极发展农业生产,整顿军备,巩固国防。这样,赵国的经济和军事力量逐渐得到恢复。

赵国既未如约割地,又与东方各国联合起来,继续同秦国为敌,让秦昭王大为恼火。公元前259年9月,秦昭王发兵攻打赵国,命五大夫王陵率军进攻邯郸。

公元前258年正月，王陵进攻邯郸受挫。秦国增派援军，但仍无法取胜。当时正逢大将白起病愈，昭王要改任白起为将，但遭到白起拒绝。

白起认为，赵国自长平战败以后，在内政方面，全国上下，万众一心，努力生产，加强战备；在外交方面，联络各国抗秦。如此时出兵攻赵，虽然秦军数量比长平之战时有所增加，但赵国守备力量也比以前扩充了十倍。白起还指出：邯郸城城池坚固，粮草充足，不易攻取，各个诸侯国援赵救兵也即将到达，秦军远离本国进攻邯郸，势必会处于内外夹攻的不利境地，失败是必然的。

秦王又派范雎去劝说白起率军攻赵。范雎对白起说："秦国攻赵，目的在于灭亡赵国。你过去伐楚和伊阙之战都是以寡击众，取胜如神，何况现在以强击弱，以众击寡呢？"

白起说："当年破楚，是由于楚国政治腐败，百姓流离失所，边境荒凉，而秦国将士上下同心，士气高昂，所以打了胜仗。伊阙之战，也是由于韩、魏各怀野心，互不协助，我才得以设疑兵控制韩军，集中兵力，出其不意地攻击魏军，取得歼灭韩、魏联军的胜利。这些都是因势利导的结果，并没有什么神妙。"接着白起分析了这次战争的情况。他认为，长平之战后，秦未乘胜灭赵，给了赵国以喘息的时间。赵国得以努力耕种以增加蓄积，整顿兵甲以加强战力，修补城池以巩固守备，君臣一心，上下同力。如果出兵攻赵，"挑其军战，必不肯出；围其国都，必不可克；攻其列城，必未可拔；掠其郊野，必无所得"。最后，白起谎称有病不肯接受任命。

但秦王却坚持攻打赵国，又增派部队，命王龁代替王陵，继续对邯郸发动攻势。经过八九个月的作战，秦军伤亡很大，仍未攻下邯郸城。秦王十分生气，亲自去见白起，强令他为将带兵增援。

白起坚持不接受任命，要求秦王放弃继续攻赵行动，休兵养民，以观诸侯的变化，并表示"宁伏受重诛而死，不忍为辱军之将"。秦王听了大怒，于是罢免他的官职，最后又逼他自杀了。

赵国对秦军的进攻，采取了坚守邯郸、持久防御、避免决战、以待外援的作战方针，同时又不断地采取各种措施以激发军民保卫国都、誓死抗秦的决心。平原君赵胜带头散发家财作为军费，并令家属到军中给士兵们缝补衣服。因此，赵国军民坚守邯郸，奋勇作战。赵军经常派精锐部队袭击秦军，致使秦国一再增兵换将，还是长久攻城，不能取胜。同时，赵国对外实施积极的外交策略，魏国首先答应出兵，派将军晋鄙率军救赵。平原君赵胜亲自率领毛遂等赶赴楚国求援，楚国与赵国联合起来，楚王派春申君率军北上援救赵国。

秦王听到魏将晋鄙率军10万出动的消息后，为了破坏合纵，派使者威胁魏王说，秦王攻打赵国很快就要获胜，诸侯国谁胆敢去救援，攻下邯郸之后，秦军一定移兵去攻击它。魏王怕秦国报复，便令晋鄙率领军队在邺（今河北磁县南）安营扎寨，观望不前，并派使者从小道进入邯郸，要平原君劝说赵王，归顺秦国，以退秦兵。

平原君见魏军留守邺而不进,就不断地请好友魏公子信陵君无忌想办法。无忌劝说魏王多次无效,最后用侯生的计策,求助于魏王的爱妾如姬,窃取了魏王的虎符,赶到邺地,杀了晋鄙,夺得魏军指挥权,挑选精兵8万,向邯郸进发。

公元前257年12月,秦王先后两次增兵,合力围攻邯郸。此时,魏楚援军赶到,多次大败秦军。平原君又组织敢死士3千人从城内配合出击。秦军受内外夹攻,败于邯郸城下,王龁率残部逃回汾城,秦军一部两万人被包围,最后投降赵国。魏楚联军乘胜进至河东(今山西西南),又大败秦军,迫使秦军放弃了以前侵占的魏地河东、赵地太原和韩地上党,战争到此结束。

秦赵邯郸之战争,生动地说明客观条件是否具备和主观指导思想是否正确,对于战争胜负是极为重要的。秦军的失败,首先是秦昭王在战略上的失策。秦国没有继续贯彻"远交近攻"的战略,以致连横不成,反使魏、楚与赵合纵攻秦,使自己陷于孤立。在关东形势对秦十分不利的情况下,秦王只看到秦、赵两国的兵力对比,未能估计到赵国人民坚决抗秦的决心,固执地不听白起的劝阻,坚持发动灭赵的战争,终致失败。在军事上,秦国没有有力地阻击魏楚援兵,一味集中兵力强攻邯郸,以致士气低落,虽三次增兵,终未得胜。在战争中,赵国吸取了长平战败的教训,举国一致,积极备战,成功地利用合纵政策,形成了反秦联合力量。在军事上,赵国采取坚守疲敌、以待援军的方针,粉碎了秦国速战速决的企图。同时,不断袭扰秦军,以争取时间取得外援。援军到达时，赵军适时配合出击，内外夹攻，击败秦军，取得了抗秦战争的胜利。

- 孙子名言 -

古之所谓善战者，胜于易胜者也。故善战者之胜也，无智名，无勇功。故其战胜不忒。不忒者，其所措必胜，胜已败者也。故善战者，立于不败之地，而不失敌之败也。是故胜兵先胜而后求战，败兵先战而后求胜。善用兵者，修道而保法，故能为胜败之政。

- 名言解读 -

孙子的这段话是说：古时候所说的善于打仗的人，总是战胜那些容易战胜的敌人。因此善于打仗的人打了胜仗，既不显露出智慧的名声，也不表现为勇武的战功。他们取得胜利，是不会有差错的。之所以不会有差错，是由于他们的作战措施建立在必胜的基础上，能战胜那些以处于失败地位的敌人。善于打仗的人，总是确保自己立于不败之地，同时不放过任何击败敌人的机会。所以，胜利的军队总是先创造获胜的条件，而后才寻求同敌人决战；而失败的军队，却总是先同敌人交战，而后企图侥幸取胜。善于指导战争的人，必须修明政治，确保法制，从而能掌握战争胜负的决定权。"曹操寒夜筑土城"的故事，就蕴含了好多孙子的"军形"思想。

- 经典案例 -

15. 曹操寒夜筑土城

东汉末年，曹操与马超在潼关交战。交战开始，曹操自认为兵强马壮，一马当先，想一举击败马超。不料，马超骁勇善战，异乎寻常，他所率领的西凉兵个个勇敢善斗，随着马超一起冲杀过来。潼关一战，曹军损失惨重，元气大伤，曹操只得收拾残兵败将，渡过渭河，到达北岸。马超的官兵乘胜追击，驻扎在渭河边，截断了曹操粮草的交通运输道路，使官军一时难以安营扎寨。曹操知道，如果不赶快安营扎寨，马超随时都有可能发起攻击，无营寨的军队将不堪一击。可是，北岸的附近没有现成的城池可供安营扎寨。为此，曹操左右为难、焦虑万分，在河边徘徊。

这时，曹操手下有一个谋士向他建议说："丞相，我们可以取渭河的泥土来筑个土城。"曹操觉得十分有理，就调了三万兵马，让他们挑土筑城。可是，渭河的土尽是泥沙。俗语说，沙子筑塔，不过三尺。这渭河的沙土松散得怎么也垒不起墙来。加上马超的兵马常来骚扰，急得曹操整天整夜地叹息。

当时已是初冬时节,一连几天,乌云密布,还时不时地下起雨来。这一切告诉人们,严寒即将来临。这一天,曹操正在犯愁,忽然有个隐士求见,对曹操说:"丞相您一直要筑城安营扎寨,为何迟迟不动?"

曹操叹了一口气说:"这里都是沙土,土城随时筑随时坍塌,如何能修筑的好?请问隐士有何高见?"

隐士笑笑说:"丞相向来用兵如神,难道不知道天气会变化吗?这几天阴云密布,今晚一定起北风,北风一刮,天气必将暴冷,用渭河的淤泥筑城,必定会随时修筑随时冻结。"曹操顿时愁眉舒展,当即传令兵士做好一切准备。

当天夜里,果然北风凛冽,气温骤降,曹操十分高兴,冒着严寒指挥全体将士挑渭河的淤泥筑城,一边堆泥土,一边再浇水,冻结一层修筑一层,等到天亮,土城已经修筑好了。

马超的暗探看到曹营土城屹立,立即去报告马超。马超亲自去察看,不禁吃了一惊,心想,曹军怎么一夜之间变出一座土城来,莫非是有神仙在帮忙?

"曹操寒夜筑土城"为自己的潼关之战创造了有力的对峙局面。

五、兵势篇

— 孙子名言 —

三军之众，可使必受敌而无败者，奇正是也；兵之所加，如碫投卵者，虚实是也。

— 名言解读 —

"三军之众，可使必受敌而无败者，奇正是也；兵之所加，如碫投卵者，虚实是也。"该句话的意思是：整个部队遭到敌人的进攻而没有溃败，这属于"奇正"战术的变化问题；对敌军所实施的打击，如同以石击卵一样，这属于"避实就虚"原则的正确运用。"奇正"是古兵法常用术语，指军队作战的特殊战法和常用战法。就兵力部署而言，以正面受敌者为正，以机动突击为奇；就作战方式而言，正面进攻为正，侧翼包抄偷袭为奇；就用兵策略而言，以实力围歼为正，以诱骗欺诈为奇等。所谓"虚实"，也是古兵法常用术语，指军事实力上的强弱、优劣。有实力为"实"，反之为"虚"；有备为"实"，无备为"虚"；休整良好为"实"，疲惫松懈为"虚"。此处含有以强击弱、以石击虚的意思。

— 经典案例 —

16. 岳飞击败铁塔兵

南宋初期，抗金英雄岳飞把金兵打得落花流水，金军统帅兀术想集中力量一举歼灭岳家军。

1140年5月，金兵分四路向南宋王朝发动大举进攻。金

太祖的四太子兀术,亲自担任一路元帅,率领10万精兵南渡黄河,扑向中原。在这种危急形势下,宋高宗命令岳飞兼任河南北诸路招讨使,率军前往退敌。7月初,岳飞率军进驻郾城。

金兀术听说岳飞驻军郾城,手下只有数量很少的轻骑兵和步军,觉得是个好机会,就对手下的几个大将说:"我要把铁塔兵、拐子马全带上,杀了岳飞,碎尸万段,方解我心头之恨!"

兀术决定使用所谓的常胜军"铁塔兵"和"拐子马"袭击郾城。那铁塔兵是金兀术的亲随卫队,都是从金军百里挑一选出来的彪形大汉,骑的马也特别结实。他们头戴铁盔,脸罩铁网,身披铁甲,脚穿铁靴,坐骑也从头到屁股全盖着铁马甲,只有四条腿要跑路,才不得不露出马脚。铁人骑在铁马上,真像一座座铁塔,因此叫铁塔兵。拐子马则是跟铁塔兵配合的左右两翼的轻骑兵。士兵勇猛,马步迅速,铁塔兵在正面厮杀时,它飞快地从两边出动:要是对方人少,就实行包围;人多,就冲击左右。铁塔兵加上拐子马,就好像一柄大铁锤,再加左右两根狼牙棒,实在厉害极了。

岳飞对金兀术的"铁塔兵"和"拐子马"早有所闻,并制定了破敌的对策。岳飞对士兵们说:"铁培兵身躯虽然高大，但是笨重；铁甲尽管坚固，但战马四脚却露在下面，这正好是咱们盾牌军的用武之地；只要把四只马脚中的一只砍断，整座铁塔就坍塌啦！再说那个拐子马吧，凶就凶在两翼出击，气势汹汹，咱们干脆全部冲进敌人的中间去，叫拐子马扑个空。等它回过头来，已经丧失了锐气，就跟普通骑兵差不多啦！"岳飞组建了一支盾牌军，盾牌军的士兵左手持特制大盾牌，右手握一把专门砍马腿的麻札刀（一种极锋利的快刀），岳飞还针对敌方的行动特点组织进行了多次演练。

金兀术统领一万五千名"铁塔兵"和"拐子马"兵浩浩荡荡地杀至郾城，当岳飞得知兀术带领"铁塔兵"和"拐子马"前来进攻时，便具体分析敌情，决心以己之长击敌之短。开战后，留驻在郾城的岳家盾牌军，一手持盾牌护着身子，一手握着麻札刀冲入敌阵。两军相遇，盾牌军照岳元帅教的战法，对准铁塔兵的马脚，劈里啪啦地砍将过去，马脚被砍掉后，铁塔兵一个个从马背上摔到地上。不一会儿，就把金兵杀得尸横遍野，从而一举歼灭了兀术的精锐部队，取得了历史上有名的郾城大捷。

这个故事告诉我们要研究对手，找其弱点，攻其不备，才能取得战斗的胜利。

17. 孙膑减灶

孙膑是战国时齐国人，大军事家孙武的后代。他早年曾和庞涓一道拜师学习兵法。

后来，庞涓到魏国做了将军，很得魏惠王的信任。庞涓妒忌孙膑的才能，就假意把他请到魏国，暗中却在魏惠王面前诬告他私通齐国。魏惠王大怒，命人把孙膑的膝盖骨挖去，还在他脸上刺了字。孙膑假装发疯，躲避杀身大祸。后来，孙膑逃回齐国，齐威王很佩服孙膑的才能，对他大加重用。

公元前354年，庞涓带兵包围了赵国的国都邯郸。赵国向齐国求救。第二年，齐威王命田忌做主帅，孙膑做军师，率军救赵。

田忌打算率领救兵，直奔赵国，孙膑不同意，他说："我们应当避实击虚，攻其要害，如今我们不如率领大军直接攻打魏国都城大梁，魏军一定会带领部队返回自救。这样既解除了赵国的危急，又可打击他们，岂不是很好吗？"田忌听了，连声称好，就按照孙膑的计谋行事。

果然，庞涓丢下赵国，急速回军。魏军走到桂陵，不料孙膑早已在这里设下埋伏。魏军旅途疲惫，措手不及，被齐军打得大败而逃。

庞涓在作战中，看到齐军战旗上有个斗大的"孙"字，不由得大吃一惊，说："原来孙膑还活着，我中了他的计了！"庞涓收拾好残兵败将，狼狈地逃回了国都大梁。

过了十三年，魏惠王又派庞涓去攻打韩国。韩国抵挡不住，不断地向齐国求救。这一次，孙膑还是采用桂陵之战的老办法，不去直接救援韩国，却去攻打魏国。庞涓率领魏军，日夜不停地往回赶。这时，齐军已攻入魏国境内，占领了不少地方。面对魏军的还击，孙膑制定计策，下令齐军退兵。

庞涓见齐军退兵，就跟在后面，紧紧追赶。第一天，他追到齐军扎过营的地方，只见营地上到处都是煮饭用的灶。他叫人点了一点灶的数目，不觉吃惊地说："想不到齐军竟有十万人吃饭，人数真不少呀！"

第二天，他又追到齐军扎过营寨的地方，再叫人一点，发现煮饭用的灶减少了一半。他高兴地说："看来已有不少齐国士兵逃跑了。"

到了第三天，庞涓发现齐军煮饭用的灶又大大减少了。他更加高兴了，对部下说："我早就知道齐军胆小怕死。他们进入我们国境才三天，已有一大半跑光了。"

庞涓命令抛下笨重军事物资，只带轻装精锐部队数千人，日夜兼程，追击齐军。他哪里料到这正是孙膑用的"减灶诱敌"之计，引他追击。

孙膑预料他当天晚上可以赶到马陵。马陵地形险要，树木茂盛，是一个绝佳的战斗场所。于是，孙膑命令士兵把大树砍倒，堵塞道路，只留路旁一棵大树，削去树皮，在光秃秃的树身上写了这样几个大字："庞涓死于此树下。"又命军中弓箭手，埋伏两旁，就在那天晚上，庞涓果然赶到马陵。他走到那棵大树底下，见道路被树堵塞，就命人搬树。

他隐约看到树身上好像有字，就命人取火把来照明。庞涓还没来得及把树上那几个大字看完，齐军已万箭齐发，庞涓身中数箭，自知兵败难逃，就拔剑自杀。庞涓临死时，还不服输，愤愤地说："想不到叫孙膑这小子成了名！"从此，孙膑的名气就传遍了当时的各个诸侯国。

18. 叔詹、诸葛亮巧施空城计

空城计，这是一种心理战术。即在一方无力守城的情况下，故意向敌人暴露自己城内空虚，就是所谓"虚者虚之"。敌方产生怀疑，更会犹豫不前，就是所谓"疑中生疑"。敌人怕城内有埋伏，怕陷进埋伏圈内。但这是悬而又悬的"险

策"。使用此计的关键,是要清楚地了解并掌握敌方将帅的心理状况和性格特征。诸葛亮使用空城计解围,就是他充分地了解司马懿谨慎多疑的性格特点才敢出此险策。诸葛亮的空城计闻名天下,其实,早在春秋时期,就出现过成功使用空城计的战例。

春秋时期,楚国的宰相公子元,在他哥哥楚文王死了之后,非常想得到漂亮的嫂子文夫人。他用各种方法去讨好,文夫人却不为所动。于是,他想建立功业,显显自己的能耐,以此来讨得文夫人的欢心。

公元前666年,公子元亲率兵车六百乘,浩浩荡荡,攻打郑国。楚国大军一路连占几城,直逼郑国国都。郑国国力较弱,都城内更是兵力空虚,无法抵挡楚军的进犯。

郑国危在旦夕,群臣慌乱,有的主张进贡请和,有的主张拼一死战,有的主张固守待援。但这几种主张都难解国家眼下的危难。上卿叔詹说:"请和与决战都不是好的办法。固守待援,倒是可取的方案。郑国和齐国订有盟约,而今有难,齐国应该会出兵相助。只是空谈固守,恐怕也难守住。公子元攻我郑国,实际上是想邀功图名讨好文夫人。他一定急于求成,又特别害怕失败。我有一个好的计策,可以让楚军撤退。"

郑国按叔詹的计策,在城内作了安排。命令士兵全部埋伏起来,不让敌人看见一兵一卒。让店铺照常开门,百姓像平常一样往来,不准露一丝慌乱之色。大开城门,放下吊桥,摆出完全不设防的样子。

楚军的先遣部队到达郑国都城城下,见此情景,心里起了怀疑：莫非城中有了埋伏，诱我中计？于是不敢轻举妄动，等待公子元的命令。公子元赶到城下，也觉得好生奇怪。他率众将到城外高地眺望，见城中确实空虚，但又隐隐约约地看到了郑国的旋旗甲士。公子元认为其中有诈，不可冒险进攻，先派人进城探听虚实，于是按兵不动。

这时，齐国接到郑国的求援信，已联合鲁、宋两国发兵救郑。公子元听到这个消息，知道一旦三国兵到，楚军肯定不能取胜。好在也打了几个胜仗，还是赶快撤退为妙。他害怕撤退时郑国军队会出城追击，于是下令全军连夜撤走，人衔枚，马裹蹄，不出一点声响。所有营寨都不拆走，旗帜照旧飘扬。

第二天清晨，叔詹登城一望，说道："楚军已经撤走了。"众人见敌营彩旗招展，不信已经撤军。叔詹说："如果营中有人，怎会有那样多的飞鸟盘旋上下呢？他也用空城计欺骗了我，急忙撤兵了。"这就是中国历史上第一个使用空城计的战例。

三国时期，诸葛亮因错用马谡而失掉战略要地——街亭，魏将司马懿乘势率领大军15万向诸葛亮所在的西城蜂拥而来。当时，诸葛亮身边没有大将，只有一班文官，所带领的五千军队，也有一半运粮草去了，只剩2500名士兵在城里。众人听到司马懿带兵前来的消息都大惊失色。诸葛亮登城楼观望后，对

众人说:"大家不要惊慌,我只要略施计谋,便可教司马懿主动撤退兵马。"

于是,诸葛亮传令,把所有的旌旗都藏起来,士兵原地不动,如果有私自外出以及大声喧哗的,立即斩首示众。又让士兵把四个城门都打开,每个城门之上派20名士兵扮成百姓模样,洒水扫街。诸葛亮自己披上外套,戴上高高的纶巾,领着两个小书童,带上一张琴,到城上望敌楼前凭栏坐下,燃起香,然后慢慢弹起琴来。

司马懿的先头部队到达城下,见了这种气势,都不敢轻易进攻入城,便急忙返回报告魏将司马懿。司马懿听后,笑着说:"这怎么可能呢?"于是,司马懿便下令三军停下前进步伐,自己飞马前去观看。离城不远,他果然看见诸葛亮端坐在城楼上,笑容可掬,正在焚香弹琴呢。左面一个书童,手捧宝剑;右面也有一个书童,手里拿着拂尘。城门里外,20多个百姓模样的人在低头洒扫,旁若无人。司马懿看后,疑惑不解,不知诸葛亮"葫芦里卖的什么药"。他便来到中军帐,命令后面的军队充作先遣部队,先遣部队作后面的军队开始撤退。他的二儿子司马昭说:"莫非是诸葛亮家中没有兵力,所以故意弄出这个样子来的?父亲您为什么要退兵呢?"司马懿说:"诸葛亮一生谨慎,从不曾冒险。现在城门大开,里面必有埋伏,我军如果进去,正好中了他们的计。还是快快撤退吧!"于是率领各路兵马都退了回去。

空城计是《三国演义》里特别精彩的一个计谋,历来为人们津津乐道。其实,空城计是一种"虚而虚之"的心理战术,在战争的紧急关头和力量悬殊的情况下运用这种战术,故意以空虚无兵的气势示敌，就可能使敌人疑中生疑，怕中埋伏，从而达到排危解难的目的。

— 孙子名言 —

故善战者，求之于势，不责于人，故能择人而任势。任势者，其战人也，如转木石。木石之性，安则静，危则动，方则止，圆则行。故善战人之势，如转圆石于千仞之山者，势也。

— 名言解读 —

"故善战者，求之于势，不责于人，故能择人而任势。任势者，其战人也，如转木石。木石之性，安则静，危则动，方则止，圆则行。故善战人之势，如转圆石于千仞之山者，势也。"这段话的意思是：善于用兵打仗的人，总是努力创造有利的态势，而不对手下求全责备，所以他能够选择人才去利用和创造有利的态势。善于利用态势的人指挥军队作战，就如同滚动木头、石头一般。木头和石头的特性是，置放在平坦安稳之处就稳住，置放在险峻陡峭之处就滚动。方的容易停止，圆的滚动灵活。所以，善于指挥作战的人所造成的有利态势，就像将圆石从万丈高山上推滚下来那样，这就是所谓的"势"。

— 经典案例 —

19. 王翦以逸待劳

王翦，是频阳东乡人。少年时就喜好军事，后来奉事秦始皇。始皇十一年（公元前236年），王翦带兵攻打赵国的阏与，不仅攻陷了它，还一连拿下九座城邑。始皇十八年（公元前229年），王翦领兵攻打赵国。一年多就攻取了赵国，赵王投降，赵国各地全部被平定，后被设置成郡。第二年，燕国派荆轲到秦国谋杀秦王，秦王派王翦攻打燕国。燕王喜逃往辽东，王翦终于平定了燕国都城蓟胜利而回。秦王派王翦儿子王贲攻击楚国，楚兵战败。王贲掉过头来再进击魏国，魏王投降，最后平定了魏国各地。

秦始皇灭掉了韩、赵、魏三国，赶跑了燕王喜，同时多次战败楚军。秦国将领李信，年轻气盛，英勇威武，曾带着几千士兵把燕太子丹追赶到衍水，最后打败燕军捉到太子丹，秦始皇认为李信贤能勇敢。一天，秦始皇问李信："我打算攻取楚国，由将

军估计调用多少人才够？"李信回答说："最多不过二十万人。"秦始皇又问王翦，王翦回答说："非得六十万人不可。"秦始皇说："王将军老喽，多么胆怯呀！李将军真是果断勇敢，他的话是对的。"于是就派李信及蒙恬带兵二十万向南进军攻打楚国。而王翦的话不被采用，王翦就推托有病，回到频阳家乡养老。李信攻打平与，蒙恬攻打寝邑，大败楚军。李信接着进攻鄢郢，又拿了下来，于是带领部队向西前

进，准备要与蒙恬在城父会师。其实，楚军正在跟踪追击他们，楚军连着三天三夜不停息，结果大败李信部队，攻入两个军营，杀死七个都尉，秦军大败而逃。

秦始皇听到这个消息，大为震怒，亲自乘快车奔往频阳，见到王翦道歉说："我由于没采用您的计策，李信果然使秦军蒙受了耻辱。现在听说楚军一天天向西逼进，将军虽然染病，难道忍心抛弃我吗？"王翦推辞说："老臣病弱疲乏，昏庸无能，希望大王另择良将。"秦始皇再次表示歉意说："好啦，将军不要再说什么了！"王翦说："若大王不得已而用我，非六十万人不可。"秦始皇满口答应说："就只听将军的谋划了。"于是王翦率领着六十万大军出发了，秦始皇亲自到灞上送行。王翦临出发时，请求赐予许多良田、美宅、园林池苑等。秦始皇说："将军尽管上路好了，何必担忧家里日子不好过呢？"王翦说："替大王带兵，即使有功劳也终究难以得到封侯赐爵，所以趁着大王特别器重我的时候，我也得及时请求大王赐予园林池苑来给子孙后代置份家产吧。"秦始皇听了哈哈大笑起来。王翦出发后到了函谷关，又连续五次派使者回朝廷请求赐予良田。有人说："将军请求赐予家业，也太过分了吧。"王翦说："这么说不对。秦王性情粗暴对人多疑。现在大王把全国的武士调光，特地委托给我，我不用多多请求赏赐田宅来表示自己出征的坚定意志，难道反而让秦王平白无故地怀疑我吗？"

王翦终于代替李信进攻楚国。楚王得知王翦增兵而来，就竭尽全国军队来抗拒秦兵。王翦抵达战场，构筑坚固的营垒采取守势，不肯出兵交战。楚军屡次挑战，秦军始终坚守不出。王翦让士兵们天天休息洗浴，供给上等饭食抚慰他们，还亲自与士兵同饮同食。过了一段时间，王翦派人询问士兵中玩什么游戏？回来报告说："正在比赛投石看谁投得远。"于是王翦说："士兵可以派用了。"楚军屡次挑战，见秦军不肯应战，就领兵向东去了。王翦趁机发兵追击他们，派健壮能战的士兵实施强烈进击，大败楚军。追到蕲南，杀了他们的将军项燕，楚军终于败逃。秦军乘胜追击，占领了楚国城邑。一天后，俘虏了楚王负刍，平定了楚国各地并设为郡县。随后，又乘势向南征伐百越国王。与此同时，王翦的儿子王贲，与李信攻陷平定了燕国和齐国各地。

秦始皇二十六年（公元前221年），秦国兼并了所有的诸侯国，统一了天下，王翦将军和蒙恬将军的功劳最多，英名流传后世。

秦二世的时候，王翦和他的儿子王贲都已死去，蒙恬也因受到诬陷而被诛杀。陈胜起义反抗秦朝时，二世派王翦的孙子王离攻打赵国，把赵歇和张耳围困在巨鹿城。当时有个人说："王离，这是秦朝的名将。现在他率领强大的秦军攻打刚刚建立的赵国，战胜它是必然的。"一个过客说："不是这样的。说来做将领的世家到了第三代的必定要失败。说他必定失败是什么道理呢？一定是他家杀害的人太多了，后代就要承受为恶的惩罚。如今王离已是第三代将领了。"过了不久，项羽救援赵国，攻打秦军，果然俘虏了王离，王离的军队就投降了诸侯军。

太史公说："俗话说，'尺有短的时候，寸有长的时候。'白起算计敌人能随机应变，计出不尽，奇妙多变，名震天下,然而却不能对付应侯给他制造的祸患。王翦作为秦国将领,平定六国,功绩卓著,在当时不愧是元老将军,秦始皇尊其为师,可是他不能辅佐秦始皇建立德政,以巩固国家根基,却苟且迎合,取悦人主,直至死去。到了他的孙子王离被项羽俘虏,不也是理所当然的吗!这就是因为他们各有各的短处啊。"

20. 乐毅致信劝惠王

齐国田单后来与骑劫交战,果然设置骗局用计谋迷惑燕军,结果在即墨城下把骑劫的军队打得大败,接着辗转战斗追逐燕军,向北直追到黄河边上,收复了齐国的全部城邑,并且把齐襄王从莒邑迎回都城临淄。

燕惠王很后悔派骑劫代替乐毅,致使燕军惨败,损兵折将,丧失了占领的齐国土地;可是又怨恨乐毅投降赵国,担心赵国任用乐毅,乘着燕国兵败疲困之机攻打燕国。燕惠王派人去赵国责备乐毅,同时向他道歉说:"先王把整个燕国委托给将军,将军为燕国战败齐国,替先王报了深仇大恨,天下人没有不震动的,我哪里有一天敢忘记将军的功劳呢!正遇上先王辞世,我本人刚刚即位,是左右人蒙蔽了我的双眼,耽误了我。我之所以派骑劫代替将军,是因为将军长年在外,风餐露宿,因此召回将军暂且休整一下,也好共商朝政大计。不想将军误听传言,认为跟我有不融洽的地方,就抛弃了燕国而归附赵国。将军从为自己打算的角度,那是可以的,可是您又怎么对得住先王待将军的一片深情厚谊呢?"

乐毅写了一封回信给惠王,信中说:"臣下没有才干,不能恭奉您的命令,来顺从您左右那些人的意愿,我恐怕回国有无法预测的事情发生，因而有损先王的英明，有害您的道义，所以逃到赵国。现在您派人来指责我的罪过，我怕先王的左右侍从，不能体察先王收留、宠信我的道理，又不清楚我用来伺奉先王的诚心，所以冒昧地写信来回答。"

"我听说贤能圣明的君主不拿爵禄偏赏给亲近的人，功劳多的就奖赏，能力胜任的就举用。所以任命官吏，先考察才能，然后授予官职的，是能成就功业的君主；结交朋友，先衡量品行，然后交往的，是能树立声誉的贤士。我暗中观察先王的举止，看到他有超出一般君主的心志，所以我借为魏国出使的机会，到燕国献身，接受考察。先王格外抬举我，先把我列入宾客之中，又把我选拔出来，高居群臣之上，不同父兄宗亲大臣商议，就任命我为亚卿。我自己也缺乏自知之明，自认为只要执行命令接受教导，就能侥幸免于犯罪，所以接受任命而不推辞。"

"先王曾指示我说：'我跟齐国有积久的怨仇，深深恼恨齐国，不去估量燕国的弱小，也要把向齐国复仇作为我在位的职分。'我说：'那个齐国，至今保留着霸国的基业，又有多次作战的经验。士兵训练有素，十分熟悉攻战方略。大王如果要攻打它，必须与天下诸侯联合起来，共同图谋。假使要与天下诸侯图谋攻齐，不如先与赵国结盟。而且淮北原属宋国的地区是楚、魏两都想得到的地方，赵国如果答应结盟就约好四国联合攻打它，这样齐国就可以被彻底打败。'先王认为我的主张对，就准备了符节派我南去赵国。很快我就归国复命，随即发兵攻打齐国。靠着上天的引导，先王的神威，黄河以北地区的赵、魏两国军队随着先王全部到达济水岸上。济水岸上的军队接受命令攻击齐军,把齐国人打得大败。我们的精锐部队就可以长驱直入,直抵齐国国都。齐王只身逃跑奔向莒邑,仅他一人免于身亡;珠玉财宝战车盔甲以及珍贵的祭祀器物全部缴获送回燕国。齐国的祭器摆设在宁台,大吕钟陈列在元英殿;被齐国掠去的原燕国宝鼎又从齐国取来放回暗室;蓟丘的植物中种植着齐国汶水出产的竹子,自五霸以来功业没有赶上先王的。先王认为自己的志向得到满足,所以划出一块地方赏赐给我,使我能和小国的诸侯相比。"

"我听说贤能圣明的君主,功业建立而不废弛,所以能写在《春秋》一类的史书上;有预见的贤士,名声取得而不毁弃,所以能被后人称颂。像先王那样报仇雪耻,平定了具有万辆兵车的强大国家,缴获了齐国八百多年所积存的珍贵宝物,等到先王辞世之日,还留下政令训示,指示执政掌权的臣属,修整法令,慎重地对待后世子弟,把恩泽推及到百姓身上,这些都可以用来教导后代。"

"我听过这种说法,善于开创人的不一定就善于完成,开端好的不一定结局就好。从前伍子胥的主张被吴王阖闾采纳,吴王带兵一直打到楚国郢都;吴王夫差不采纳伍子胥的正确建议,反而赐给他马革囊袋逼他自杀,把他的尸骨装在袋子里扔到江里任意漂流。吴王夫差不明白先前伍子胥的主张能够建立功业,所以把伍子胥沉入江里而不后悔;伍子胥也不能预见君主的气量抱负各不相同,致使被沉入江里而死不瞑目。

21. 官渡之战

官渡，位于许昌（今河南省许昌市）之北，黄河之南，是从河北进军河南地界的军事要冲，因为发生了震惊天下的官渡大战而闻名于世。

东汉末年，朝政腐败，外戚宦官专权，天灾人祸不断，终于爆发黄巾农民大起义。轰轰烈烈的黄巾农民大起义虽然被镇压下去了，但它却沉重地打击了地主阶级的统治，使腐朽的东汉政权分崩离析，名存实亡。在镇压黄巾起义的过程中，各地州郡大官独揽军政大权，地主豪强也纷纷组织了私人武装，占据地盘，形成大大小小的割据势力，东汉政权卷入争权夺利、互相兼并的长期战争之中，造成中原地区"白骨露于野，千里无鸡鸣"的凄惨景象。当时的割据势力，主要有河北的袁绍、河内的张扬、兖豫的曹操、徐州的吕布、扬州的袁术、江东的孙策、荆州的刘表、幽州的公孙瓒、南阳的张绣等。袁绍、曹操两大集团在征战中逐步发展壮大起来。

建安三年（公元 198年），袁绍击败公孙瓒，占有青、幽、冀、并四州的土地。建安元年，曹操把汉献帝挟持到许昌，形成"挟天子以令诸侯"的纷争局面，取得政治上的优势。建安二年（公元197年）春，袁术在寿春（今安徽寿县）称帝。曹操立刻就以"奉天子以令不臣"为名，率军讨伐袁术并将其消灭。接着又消灭了徐州的吕布，利用张扬军队内部造反取得河内郡。从此曹操势力西达关中，东到兖、豫、徐州，控制了黄河以南，淮河、汉水以北大部地区，从而与袁绍形成沿黄河下游南北针锋相对的局面。袁绍的兵力在当时远远胜过曹操，自然不甘屈居于曹操之下，他决心同曹操一决胜负。建安四年（公元 199 年）6 月，袁绍挑选精兵 10 万，战马万匹，企图南下进攻许昌，官渡之战的序幕由此拉开。

袁绍举兵南下的消息传到许昌，曹操部将大多认为袁军强大不可战胜。但曹操却根据他对袁绍的了解，认为袁绍志大才疏，胆略不足，刻薄寡恩，自以为是，兵多而指挥不明，将骄而政令不一。于是，当即决定以所能集中的数万兵力抗击袁绍的进攻。为争取战略上的主动，他作出如下部署：派臧霸率精兵自琅玡（今山东临沂北）入青州，占领齐

（今山东临淄）、北海（今山东昌乐）、东安（今山东沂水县）等地，牵制袁绍，巩固右翼，防止袁军从东面袭击许昌。曹操亲自率兵进据冀州黎阳（今河南浚县东，黄河北岸）。令于禁率步骑2 000人驻守黄河南岸的重要渡口延津（今河南延津北），协助扼守白马（今河南滑县东，黄河南岸）的东郡太守刘延，阻止袁军渡河和长驱南下，同时以主力在官渡（今河南中牟东北）一带筑垒固守，以阻挡袁绍从正面进攻。派人镇压安抚关中，拉拢凉州，以稳定两侧。从以上战略布局来看，曹操所采取的战略方针，不是分兵把守黄河南岸，而是集中兵力，扼守主要关隘，重点设防，以逸待劳，后发制人。从当时情势而言，这种部署是得当的。首先，袁绍兵多而曹操兵少，千里黄河多处可渡，如分兵把守则防不胜防，不仅难以阻止袁军南下，而且更会使自己本已处于劣势的兵力更加分散。其次，官渡地处鸿沟上游，濒临汴水。鸿沟运河西连虎牢、巩、洛要隘，东下淮泗，是许昌北、东的屏障，是袁绍夺取许昌的要津和必争之地。加上官渡靠近许昌，后勤补给也较袁军方便。建安四年（公元199年）12月，当曹操正部署对袁绍作战时，刘备起兵反击曹操，占领了下邳，占据并驻军在沛县（今江苏沛县）。刘备的军队增至数万人，并与袁绍联系，打算合力攻击曹操。曹操为保持许昌与青、兖二州的联系，避免两面作战，在第二年2月亲自率精兵东击刘备，迅速占领沛县，转而进攻下邳，逼迫关羽投降。刘备全军溃败，只身逃往河北投奔袁绍。当曹、刘作战正激烈的时候，袁绍谋士田丰建议袁绍"举军而袭其后"，但袁绍以儿子有病为辞拒绝采纳，致使曹操从容击败刘备回军官渡。

建安五年（公元200年）正月，袁绍派陈琳书写战书并发布，战书中把曹操骂得无法忍受。袁绍于2月进军黎阳，企图渡河寻求与曹军主力进行决战。他首先派颜良进攻白马的东郡太守刘延，企图夺取黄河南岸要点，以保障主力渡河。4月，曹操为争取主动，求得初战的胜利，亲自率兵北上解救白马之围。此时谋士荀攸认为袁绍兵多，建议声东击西，分散其兵力，先引兵至延津，伪装渡河攻袁后方，使袁绍分兵向西，然后派遣轻骑迅速袭击进攻白马的袁军，攻其不备，定可击败颜良。曹操采纳了这一建议，袁绍果然分兵延津。曹操于是乘机率轻骑，派张辽、关羽为前锋，急忙奔向白马。关羽迅速逼近颜良军队，颜良仓促应战被斩杀，袁军溃败。曹操解了白马之围后，带领白马的百姓沿黄河向西撤退。袁绍率军渡河追击，大军到达延津南，袁绍派大将文丑与刘备继续率兵追击曹军。曹操当时只有骑兵六百人，驻扎在南阪（白马南）坡下，袁绍军队有五六千骑兵，并且尚有步兵在后面跟进。曹操命令士兵解鞍放马，并故意将随行物资丢弃在道旁。袁军一见果然中计，纷纷争抢财物。曹操突然发起攻击，终于击败袁军，杀了文丑，顺利退回官渡。

袁军初战失利，但兵力仍占优势。7月，进军阳武（今河南中牟北），准备南下进攻许昌。8月，袁军主力接近官渡，依沙堆立营，东西宽约数十里。曹操也立营与袁军形成对峙局面。9月，曹军一度出击，没有获胜，退回营垒坚守。袁绍构筑楼墙，堆土如山，用箭俯射曹营。曹军制作了一种安有抛石装置的霹雳车，发石击毁了袁军所筑的楼墙。袁军又掘地道进攻，曹军也在营内挖掘很长的战沟相抵抗。双方相持3个月，曹操外境困难，前方兵少粮缺，士兵疲乏，后方也不稳固，曹操几乎失去坚守对抗的信心。

曹操一方面决心坚守危局，加强防守，命负责后勤补给的任峻将10路纵队编为一部，缩短运输队的前后距离，并用复阵（两列阵），加强护卫，防止袁军袭击。另一方面积极寻求和捕捉战机，以期击败袁军。不久曹操派徐晃、史涣截击烧毁袁军数千辆粮车，增加了袁军的困难。

同年10月，袁绍又派车运粮，并命令淳于琼率兵万人护送，囤积在袁军大营以北约20公里的故市（河南延津县内）、乌巢（今河南延津东南）。恰逢此时，袁绍谋士许攸投降曹操，建议曹操用轻兵奇袭乌巢，烧其军备物资。曹操立即付诸行动，留曹洪、荀攸守营垒，亲自率领步骑5000人，冒用袁军旗号，衔枚缚住马口，每人带一束柴草，利用昏暗夜色、走小路偷袭乌巢。曹军到达乌巢后立即围攻放火。袁绍听说曹操袭击乌巢，又作出错误决定，只派一小队兵力救援乌巢，用主力猛攻官渡曹军营垒。哪知曹营坚固，攻打不下。当曹军急攻乌巢淳于琼营寨时，袁绍增援的部队已经逼近。曹操鼓励将士决一死战，大破袁军，杀了淳于琼，并烧毁其全部粮草。乌巢粮草被烧的消息传到袁军前线，袁军军心动摇，内部分裂。曹军乘势出击，大败袁军。袁绍仓皇间带800骑兵退回河北，曹军先后歼灭和坑杀袁军7万多人，官渡之战以曹胜袁败宣告结束。随后，曹操北征乌桓消灭袁绍之子袁熙、袁尚，并在碣石山上写下了《观沧海》一诗。

官渡之战是当时中国北部由分裂走向统一的一次关键性

战役，对于三国历史的发展有着极其重要的影响。此战曹军以弱胜强取得胜利不是偶然的，袁曹间的兼并战争，虽属于封建割据势力之间的争斗，但实现了地区性的统一，客观上符合人民的愿望。

曹操在政治上抑制豪强，得到中小地主阶级的拥护；"挟天子以令诸侯"，使自己处于有利的政治地位；注意网罗人才，得到地主阶级知识分子的拥护；经济上实行屯田，不仅较有效地保障了后勤供应，并且在一定程度上安定了社会生活，赢得了民心。除此之外，高明的战略战术也是他取得胜利的重要因素。曹操根据敌强己弱的具体情况，采取后退一步，以逸待劳，后发制人的作战方针。在防御作战中，能从被动中力争主动，指挥灵活；面临危局，坚定沉着；善于捕捉战机，果断施行；善于听取部属意见，紧紧抓住奇袭乌巢这一关键环节，终于取得胜利。反观袁绍，政治上纵容豪强，兼并土地，任意搜刮，因而遭到人民反对。袁绍内部不和，又骄傲轻敌，刚愎自用，不能采纳部属的正确建议，迟疑不决，一再丧失良机。终致粮草被烧，后路被抄，军心动摇，内部分裂，全军溃败。

官渡之战，经过一年多的相持对立，以曹操的全面胜利而宣告结束。曹操以两万左右的兵力，出奇制胜，击败袁军十万。这个战例成为中国历史上以弱胜强，以少胜多的典型战例。曹操以其非凡的才智和勇气，写下了他军事生涯中最辉煌的一页。建安七年（公元202年），袁绍因兵败忧郁而死，曹操乘机彻底击败了袁氏军事集团，建安十二年（公元207年），曹操又征服乌桓，至此，战乱多时的北方实现了统一。

　　官渡之战是毛泽东在《中国革命战争的战略问题》一文中列举的我国历史上"双方强弱不同，弱者先让一步，后发制人，因而战胜"的著名战例之一。战争的胜负取决于双方政治、军事、经济等多方面的条件，但首当其冲的是双方军事实力的较量。曹操在官渡之战中，实力明显不如人力物力上都占有绝对优势的袁绍，但他却以少击众、以劣势对优势并最终大获全胜，其取胜之道是值得后人深思的。

六、虚实篇

— 孙子名言 —

故善战者，致人而不致于人。

— 名言解读 —

"故善战者，致人而不致于人。"所以善于指挥作战的人，总是能够调动敌人而不被敌人所调动。齐、魏桂陵之战和马陵之战是公元前353年、公元前342年战国中期齐、魏两个诸侯国之间的两场著名战争。当时齐国的杰出军事家孙膑，创造性地运用和发展孙武"避实而击虚"、"攻其所必救"、"致人而不致于人"、"示形动敌"的作战指导思想，采取"围魏救赵"、"批亢捣虚"、"减灶诱敌"等高明战术，在桂陵和马陵地区，先后击败实力强大的魏国军队。这两场战争对于结束魏国在中原地区的霸权，具有决定性的意义；对战国时期战略格局的变化，产生了深远的影响。

— 经典案例 —

22. 齐、魏桂陵之战和马陵之战

公元前445年魏文侯即位后，任用李悝、吴起、西门豹、段干木等人，进行各方面的改革。在政治上，基本废除了世袭的禄位制度，推行因功接受俸禄的政策，建立起比较清明、健全的官僚体制。在经济上，改变了不适应生产力发展的井田旧制，"尽地力之效"，抽"什一之税"，兴修水利，鼓励开荒。促进了社会秩序的稳定和农业生产的发展。在军

事上，加强军队建设，推行"武士"选拔制度，重视军事训练，提高部队的战斗力。通过这些改革，魏国迅速成为战国初期最为强盛的国家。魏惠王继位以后，继承文侯、武侯的霸业，继续积极向外扩张。魏国的兴盛和称霸，直接损害了楚、齐、秦等其他大国的利益，引起这些国家的普遍恐惧和嫉恨，其中又以齐、魏之间的矛盾最为尖锐。

齐国自西周以来一直是东方地区的大国。公元前356年齐威王即位后，任用邹忌为宰相，改革吏治，强化中央集权，进行国防建设，国势日渐壮大。面临魏国向东扩张的威胁，它积极利用赵、韩等国与魏国之间的矛盾冲突，展开了对魏国的斗争。

公元前353年的桂陵之战就是在这样的复杂背景下发生的。当时，赵国为了摆脱魏国的控制，进而达到兼并土地、扩张势力的目的，赵成侯于公元前356年在平陆（山东汶上）和齐威王、宋桓侯相会结好，同时又和燕文公在阿（河北高阳北50里）相会。赵国向依附于魏国的卫国发动战争，迫使卫国屈服称臣。于是魏国便借口保护卫国，出兵包围了赵国国都邯郸，强行攻打。赵与齐有同盟关系，眼看邯郸局势危急，公元前353年，赵国派出使者向齐国求援。齐威王闻报后，便召集文武大臣进行商议。丞相邹忌反对出兵救赵，而齐将段干朋认为，不救赵既会失去赵国的信任，又会给齐国自身造成麻烦，因而主张救赵。但同时他又指出，以当时的战略形势来考虑，如果立即出兵奔赴邯郸，赵国既不会遭到损失，魏军也不会消耗实力，对于齐国的长远战略利益来说是害处大于好处。因此，他主张实施使魏与赵相互削弱，而后"承魏之弊"的战略方针。具体地说，就是先派出少量兵力南攻襄陵，以牵制魏国，让魏国疲于应付。等到魏军攻破邯郸，魏、赵双方均师劳兵疲的时候，再给他们正面的攻击。段干朋的这一谋略，显然有一石三鸟的用意。第一，南攻襄陵，牵制魏军，使其陷于两面作战的窘境；第二，向赵表示了援助的姿态，信守盟约，维持在平陆相会时所建立的两国友好关系，帮助赵国坚定其抗魏的决心；第三，让魏、赵继续互相攻伐，最后使赵国遭受重创、魏国实力削弱，从而为齐国战胜魏国和日后控制赵国创造有利的条件。

段干朋的这番谋划，完全符合齐国统治集团的根本利益，因此为齐威王欣然采纳。齐威王决定以部分军队联合宋、卫，南攻襄陵，主力暂时按兵不动，静观事态的发展，准备伺机出动，以求一举成功。

当时，魏国的扩张也引起楚国的敌视。因此，楚宣王便乘魏国出兵攻赵、后方空虚的时候，派遣将军景会率领部队向魏国南部的一些地区进攻。而西边的秦国也不甘寂寞，先后发兵攻打魏的少梁、安邑等要地。这样，魏国实际上已处于四面作战的困难境地。幸亏它的实力十分雄厚，主将庞涓又决心破赵，不为其他战场的局势所动摇，因而一直勉强维持着邯郸方面的较强攻势。

魏国用主力军队攻赵，两军相持一年多。当邯郸形势危在旦夕，赵、魏两国均已非常疲惫之时，齐威王认为出兵与魏军决战的时机已经成熟，于是就正式任命田忌为主将，孙膑为军师，统率齐军主力救援赵国。

田忌计划直奔邯郸，同魏军主力交战，以解赵围。孙膑不赞成田忌的这种以硬碰硬的战法，提出了"批亢捣虚"、"疾走大梁"的策略。他说："要解开乱成一团的丝线，不能用手硬拉硬扯；要排解别人的聚殴，自己不能直接参与群殴。派兵解围的道理也是如此，不能以硬碰硬，而应该采取'批亢捣虚'的办法，就是撇开强点，攻击弱点，避实击虚，冲其要害，使敌人感到形势不利，出现后顾之忧，自然也就解围了。"孙膑进而分析道："现在魏、赵相攻一年多，魏军的精锐部队都在赵国，留守国内的都是一些老弱残兵。根据这一情况，应该迅速向魏国的都城大梁进军，切断魏国的交通要道，攻击它防备空虚的地方。"他认为，这样一来，魏军必然被迫撤军返回自救，齐军就可以一方面解邯郸之围，同时又能使魏军一路疲惫，便于最终击败它。

田忌采纳了孙膑"批亢捣虚"的建议，率齐军主力向魏都大梁攻击前进。大梁，是魏国的政治、经济、文化中心，魏军得到齐军向大梁挺进的消息，不得不以少数兵力继续围攻邯郸，而由庞涓率主力急忙回头解救大梁。这时，齐军已将桂陵（今山东菏泽东北一带）作为预定的作战区域，准备在归途迎击魏军。魏军由于长期攻赵，兵力消耗很大，加以长途跋涉，士卒疲惫不堪，面对占有先机、以逸待劳、士气旺盛的齐军的截击，顿时陷入被动挨打的困境，遭受到一次沉重的打击。这时，它所占领的赵国土地，也就得而复失了。

战国中期，魏国的实力要胜过齐国一筹，他们的军队也比齐军强大，所以荀子说过："齐之技击不可遇魏之武卒。"然而，齐军终究在桂陵之战中重创魏军。原因就是齐国战略方针的正确和孙膑作战指挥艺术的高明。在战略上，齐国适宜地表示了救赵的意向，从而使赵国坚定了抵抗魏军的决心，拖住了魏军；及时对次要的襄陵方向实施佯攻，使魏军陷入多线作战的被动处境；正确把握住魏、赵双方精疲力竭的有利时机，果断出击。在战术上，孙膑正确地分析了敌我情势，选择适宜的作战方向，进攻部位既是敌人要害部位、又是防务空虚的国都大梁，迫使魏军回师救援，然后以逸待劳，乘机打了一个漂亮的阻击战，一下子取得胜利，自始至终都牢牢掌握住主动权。另外，主将田忌虚心听取意见，从善如流，也为孙膑实施高妙的战术，夺取胜利提供了必要的前提。至于魏军的失败，也在于战略上未能掌握诸侯列国的动向，长期驻兵坚城，造成将士疲惫、后方空虚，加上作战指导上消极被动，让对手牵着鼻子走，在桂陵之战中被打得溃不成军。

齐、魏马陵之战发生在公元前342年。这一年，在桂陵之战中遭到严重失利的魏军，又向它弱小的兄弟之邦韩国发起了进攻。韩国自然不是魏国的对手，危急中派遣使者、带着书信向齐国求救。齐威王一如当年那样，召集大臣商议此事。邹忌依然充当了反对派，不主张出兵，而田忌则主张发兵救韩。齐威王征求孙膑的意见,孙膑于是娓娓而谈地讲了自己的看法:既不同意不救,也不赞成早救,而是主张"深给韩之亲,而晚承魏之弊"。即首先向韩表示必定出兵相救,促使韩国竭力抗魏。当韩处于危亡的时刻,再发兵救援,从而"尊名"、"重利"一举两得。他的这一策略为齐威王所接受。

韩国得到齐国答应救援的承诺后,上下人心振奋,竭尽全力抵抗魏国军队的进攻,但结果仍然是五战都失败了,只好再次向齐求救。齐威王抓住魏、韩两军都十分疲惫的时机,任命田忌为主将,田婴为副将,率领齐军直奔大梁。孙膑在齐军中的角色,一如桂陵之战时那样:充任军师,居中调度。

魏国眼见攻韩胜利在望,又是齐国从中作梗,恼怒之情自不必说,于是决定放过韩国,转兵指向齐军,目的是想好好教训一下齐国,省得它日后再同自己捣乱。魏惠王待攻韩的魏军撤回后,立刻命太子申为上将军,庞涓为将,率雄师10万之多,气势汹汹地扑向齐军,企图同齐军一决胜负。这时,齐军已进入魏国境内的纵深地带,魏军尾随而来,一场恶战是不可避免了。这仗该怎么打?孙膑胸有成竹,指挥若定。他针对魏兵强悍善战,素来看不起齐军的实际情况,判断魏军一定会骄傲轻敌,急于求战,轻兵冒进。根据这一分析,孙膑认为,战胜貌似强大的魏军完全是有把握的。其方法不是别的,就是要巧妙利用敌人的轻敌心理,示形误敌,诱其深入,而后出其不意地给以致命打击。他的想法,得到主将田忌的赞同。于是,在认真研究了战场的地形条件之后，定下减灶诱敌、设下埋伏、聚歼敌军的作战方针。

战争完全按照齐军的预定计划进行。齐军与魏军刚一交战，就立即佯败后撤。为了诱使魏军进行追击，齐军按孙膑预先的计谋，施展了"减灶"的高招，第一天挖了10万人煮饭用的灶，第二天减少为5万灶，第三天又减少为3万灶，造成在魏军的追击下，齐军士兵大批逃亡的假象。庞涓虽然曾与孙膑受业于同一位老师鬼谷子先生，可他的水平却要与孙膑相差一大截。接连3天追下来以后，庞涓见齐军退却避战而又天天减灶，便不禁得意忘形起来，武断地认为：齐军斗志涣散，士兵逃亡过半。于是，他竟丢下大部队，只带着一部分轻装精锐的骑兵，昼夜兼程地追赶起来。

孙膑根据魏军的行动，判断魏军将在日落后到达马陵一带。马陵一带道路狭窄，树木茂盛，地势险阻，实在是打伏击战的绝好处。孙膑就利用这一有利地形，选择齐军中1万名善射的弓箭手提前埋伏在道路两侧，规定到夜里以火光为号，一齐放箭，并让人把路旁一棵大树的皮剥掉，在上面书写了"庞涓死于此树之下"的字样。

庞涓的骑兵，果真在孙膑预计的时间进入齐军的预先设伏区域。庞涓见剥皮的树干上写着字，因为看不清楚，就叫人点起火把来照明。字还没有读完，齐军便万箭齐发，以迅雷不及掩耳之势给魏军以打击,魏国军队顿时惊慌失措,四散溃逃。庞涓智穷力竭,眼见败局已定,于是仰天长啸、愤懑自杀。齐军乘胜追击,前后歼敌10万余人,并俘虏了魏军主帅太子申。马陵之战以魏军的惨败而宣告结束。

马陵之战是我国历史上一场典型的"示假隐真"、欺敌误敌、设伏聚歼的成功战例。齐军取得作战胜利,除了适当把握救韩时机,将帅之间密切合作,正确预测战场和作战时间外,善于"示形"、巧设埋伏也是关键性的因素。所谓的"减灶"是这场战争中"示形"的主要方式。它实际上就是孙子的"能而示之不能,用而示之不用"以及"以利动之,以卒待之"等"诡道"原则的实战体现。

桂陵、马陵之战对齐国和魏国产生了完全不同影响。这两场战争从根本上削弱了魏国的军事实力,使魏国从此就开始走下坡路,最终丧失了在中原的霸权;而齐国则带着战胜的威风,力量迅速地发展壮大,成为当时东方数一数二的强大诸侯国。

— 孙子名言 —

孙子曰:夫兵形象水,水之形,避高而趋下;兵之形,避实而击虚。水因地而制流,兵因敌而制胜。

— 名言解读 —

"夫兵形象水,水之形,避高而趋下;兵之形,避实而击虚。水因地而制流,兵因敌而制胜。"孙子说:用兵的规律就像流水,流水的属性,是避开高处而流向低处;作战的规律是避开敌人的坚实之处而攻击敌之弱点。水因地形的高低而制约其流向，作战则根据不同的敌情而制定取胜的策略。汉高祖白登之围就是典型战例。

― 经典案例 ―

23. 汉高祖白登之围

自从在秦始皇统治时期打败匈奴以后，北方平静了十几年。到秦朝灭亡之后，中原开始了楚汉相争，匈奴就乘机一步一步向南打过来。

汉高祖的时候，匈奴的首领冒顿带领了40万人马包围了韩王信（原韩国贵族，和韩信是两个人）的封地马邑（今山西朔县）。韩王信抵挡不住，向匈奴的首领冒顿求和。汉高祖得到这个消息，派使者前往，指责韩王信的不忠行为。韩王信害怕汉高祖刘邦治办他的罪，向匈奴举手投降了。

匈奴占领了马邑，又继续向南进攻，围住晋阳城。汉高祖亲自赶到晋阳，和匈奴对敌。

公元前200年的冬天，天空下着大雪，天气特别冷，中原的兵士没碰到过这样恶劣的天气，冻坏了不少人，有的人竟冻得掉下了手指。但是，汉朝的军队和匈奴兵一交战，匈奴兵就落败而逃，一连打赢了好几仗。后来，听说匈奴首领冒顿单于逃到代谷（山西代县西北）。

刘邦进了晋阳城，派出兵士去侦察，回来的人都说匈奴冒顿的部下全是一些老弱残兵，连他们的马都挺瘦的。如果趁势打过去，准能打胜仗。

刘邦怕这些兵士的侦察不可靠，又派刘敬到匈奴营地去刺探。刘敬回来说："我们看到的匈奴人马的确都是些老弱残兵，但我认为匈奴冒顿一定是把精兵埋伏起来，您千万不能上了匈奴的当啊！"刘邦大怒，说："你胆敢胡说八道，想阻拦我进军？"说完，就命手下把刘敬关押起来。

刘邦率领一队人马刚到平城（山西大同市东北），突然四下里涌出无数匈奴兵来，个个人强马壮，原来的老弱残兵全不见了。刘邦拼命杀出一条血路，退守到平城东面的白登山。

匈奴首领冒顿单于派出40万精兵，把刘邦围困在白登山。周围的汉军没法去救援，刘邦的这部分人马在白登山，整整被围了七天，无法脱身。

汉高祖身边的谋士陈平派了一个使者带着黄金和珠宝去见匈奴首领冒顿的王后，请她在单于王面前说些好话。王后一见这么多的礼物，心里挺高兴。

当天晚上，王后对冒顿说："我们虽然占领了汉朝的地方，却没法长期住下来，再说，汉朝皇帝也有人会来救他。咱们不如早点撤兵回去吧！"

冒顿听了王后的话，第二天一大早，就下令将包围网撤开一角，特意放汉兵出去。第二天清早，天正下着浓雾，汉高祖刘邦悄悄地撤离了白登山。陈平还不放心，叫弓箭手朝着左右两旁拉满了弓，保护汉高祖下山。

汉高祖提心吊胆走出了匈奴的包围圈，快马加鞭，一口气逃到了广武。他定了定神，首先把刘敬放出来，满脸歉意地说："我没听你的话，弄得在白登被匈奴围了起来，差点儿不能和你见面了。"

汉高祖刘邦逃出了虎口，自己知道没有力量再去征服匈奴，只好回到长安。以后，匈奴一直侵犯北方，叫汉高祖大伤脑筋。他问刘敬该怎么办才好？刘敬说："最好采用'和亲'的办法，大家讲和，结为亲戚，彼此可以和和平平地过日子。"

汉高祖刘邦接受了刘敬的建议，派刘敬到匈奴去说亲，冒顿单于同意了。汉高祖挑了一个宫女所生的女儿，称作大公主，送到匈奴那方去，冒顿单于就把她立为王后。

打那时候起，汉朝开始采取"和亲"的政策，跟匈奴的关系暂时缓和了下来。

七、军争篇

-孙子名言-

故三军可夺气,将军可夺心。是故朝气锐,昼气惰,暮气归。故善用兵者,避其锐气,击其惰归,此治气者也。以治待乱,以静待哗,此治心者也。以近待远,以佚待劳,以饱待饥,此治力者也。

-名言解读-

"故三军可夺气,将军可夺心。是故朝气锐,昼气惰,暮气归。故善用兵者,避其锐气,击其惰归,此治气者也。以治待乱,以静待哗,此治心者也。以近待远,以佚待劳,以饱待饥,此治力者也。"孙子的这段话是说:对于敌人的军队,可以使其士气低落;对于敌人的将帅,可以使其决心动摇。军队刚投入战斗时,士气饱满,过了一段时间,士气就逐渐懈怠,到了最后,士气就完全衰竭了。所以善于用兵的人,总是先避开敌人初来时的锐气,进而等到敌人士气懈怠衰竭时再去打击他,这是掌握运用军队士气的方法。用自己的严整来对付敌人的混乱,用自己的镇静来对付敌人的轻躁,这是掌握将帅心理的手段。用自己的部队接近的战场来对付远道而来的敌人,用自己部队的安逸(佚)休整来对付疲于奔命的敌人,用自己部队的粮饷充足来对付饥饿不堪的敌人,这是提高军队战斗力的秘诀。

- 经典案例 -

24. 曹刿长勺论战

鲁庄公十年春天,齐国君王齐桓公为建立威信,以鲁国曾帮助公子纠为借口进攻鲁国。国王鲁庄公被迫出兵抵御。曹刿是个有爱国之心的农民,听到这一消息后,便请求见鲁庄公。曹刿的同乡对他

说:"国家大事就让那些吃肉的有权位的大官们去谋划,我们平民老百姓,只要耕好地,守好自己的本分就行了!"曹刿却不以为然,说道:"那些大官们目光短浅,胸无大志,只思虑眼前利益,宫廷里虽人才济济,良策千条,却都不能深谋远虑,这样的仗就一定会打输。俗话说:国家兴亡,匹夫有责。现在国难当前,我们身为鲁国人又怎能不管呢?"曹刿经历许多艰苦,终于见到了鲁庄公。

见到鲁庄公后,曹刿问:"敢问大王,您凭靠什么条件作战呢?"鲁庄公略微思虑了一下,说道:"吃的穿的等这些养生的东西,我都不敢一个人独自享用,一定会把它分给别人。"曹刿皱了皱眉头,不太满意地说:"这些只是小恩惠,您分给了大臣们,而天下千千万万的人民们却没有得到,就

不可能与民同乐，人民也不可能在打仗时配合您，听从您的。"鲁庄公肯定地点了点头，又说："在祭祀时所用的牛羊猪这三牲，还有玉器和绸帛，我都不敢随便地改变旧制，不敢虚报数目，祭神时用的祭品数也一定如实地上报给神明。"曹刿又摇摇头，说："对神明不说谎话，这种有限的诚意，小小的信用一定不能受到神明们充分的信任，他们也不可能会保佑您打胜仗的。"鲁庄公开始有点急了，说道："大大小小的要打官司的案件，即使我无法将每一个案件都明断清楚，可是，我都一定是本着忠诚负责的态度按照实情来处理的，这回总行了吧！"曹刿微笑着点点头："嗯！断案时明察秋毫，这倒是属于忠于职守一类的事！您能这样有诚意，就一定可以获得民心，得民心，战争就基本上有了胜利的可能。嗯！如果您做到这样的话，倒可以凭借这个与齐国打一仗！如果作战的话，那时，恳请大王能够让我陪您一同前去！"

　　终于到了作战的时候，曹刿果然与鲁庄公一同上了战场，并同坐着一辆战车。曹刿很自信这次能够战胜齐国，因为在战争前的时间里，庄公一直都是"察狱以情"而得到了人民的信任和拥护。这次的战场是在长勺，庄公拿起鼓槌准备击鼓命令进军时，曹刿阻止道："大王，现在还不可急于进军。"鲁庄公十分疑惑，但还是听了曹刿的话，因为他相信曹刿是个治国能士。等到齐国军队三次击鼓后，曹刿才说："大王，可以击鼓了！"最后，齐军大败，齐国的败军们个个丢盔弃甲，狼狈地逃走。鲁庄公高兴极了，兴奋地准备驱车追逐，曹刿又阻止说："大王，危险，您还不能这么做！"说罢，他便走下战车，先俯下身子观察了敌军的车辙轮迹,然后又从容地登上了车座前的扶手向远处望什么。这举动使鲁庄公更加疑惑了,疑惑之余,鲁庄公又听到曹刿说可以追赶。于是,鲁国军队乘胜追击,消灭了齐国的军队。

长勺之站胜利以后,鲁庄公为解开疑惑便问曹刿"两可,两不可"的道理。曹刿说道:"在战场上,双方对敌,就要善于发现和利用有利机会,机不可失,失不再来。对于战争决策者来说,或攻或守,需要掌握适宜的时机。而作战一事,主要靠的是士兵们奋勇杀敌的勇气。所以我军先退让一步,避开对方的锐气,然后争取有利的时机,由被动地位转化为完全主动的地位。因此,在齐军们第一次击鼓时,他们士气振奋,满腔热血。而再次击鼓时,军心疲沓,士气衰减。等到第三次击鼓时,他们已经军心怠惰,士气尽竭。而我军才第一次击鼓,士兵们个个士气高涨,对方刚好士气衰竭,敌疲我打,因此我军方得以一鼓作气攻克阵地。敌方是一个大国,虽然被我国打败了,但也要设想到最不利的可能,不能够轻率行动,避免遭遇预先的埋伏,但也不能消极等待而错失良机。因此我观察了敌方战车的车辙印迹,见车辙纷乱,而远望到他们的战旗东倒西歪。所以,我当即便判定了他们不是诈败,因为如果是诈败的话,车辙痕迹就会比较有规律,不会如此纷乱,战旗也不会那么东倒西歪,所以决定驱车追赶他们。"鲁庄公听后连连称好,对曹刿赞赏有加,后封曹刿为鲁将。

这便是历史上著名的以少胜多、以弱制强的长勺之战。

25. 魏蜀争夺汉中之战

东汉献帝建安二十三年至二十四年(公元 218—219

年),刘备固守汉中险要、逼迫曹操撤军夺取汉中(今陕西汉中)的作战。

汉中是益州门户,战略地位极为重要。曹操降将张鲁占据汉中后,蜀郡太守扬武将军向刘备建议攻取汉中。他认为:占领汉中后,兴农积粮,观察河北,等待时机,那么往上可以进取关中,称霸中原;往中可以蚕食雍、凉,开拓疆域;向下可以固守要害,保卫益州。现在汉中仅有夏侯渊、张郃二将据守,集中主力前往进攻,那么就能取得胜利。刘备采纳这一建议,决定进兵,攻取汉中。

建安二十三年,刘备派部将吴兰、张飞等为先遣部队到达武都(今甘肃成县西北),被魏国军队击败。于是,刘备留军师诸葛亮把守益州,

亲自率领大军北上征伐。这年4月,进军到阳平关(今陕西勉县西)的时候,魏将夏侯渊、张郃、徐晃等率领军队阻击。刘备派部将陈式袭击马鸣阁(今四川广元北),企图切断曹军后方通道,被魏将徐晃击败;刘备亲自率兵攻打张郃据守的广石(今勉县西),又没有攻下来。两军于是成相持态势,刘备写信给诸葛亮增调兵力。

7月,曹操担心汉中有闪失,决定亲自征讨刘备。9月,统率大军到达长安(今陕西西安西北)。建安二十四年正月,刘备率主力渡过沔水,顺山势隐蔽快速行军,迂回到阳平关

后的定军山（今陕西勉县南），依据险要地势，等待时机歼敌。夏侯渊为摆脱被动，率兵争夺定军山。讨虏将军黄忠居高临下，发动迅猛冲击，夏侯渊及刺史赵禺阵亡，曹军大败，退守阳平关东。司马郭淮和督军杜袭推举张郃继任夏侯渊为魏军的主将，在汉水以北排列阵势，想等待蜀军涉水半渡时进行反击，但被刘备识破，刘备军队隔水相持就是不渡河。

3月，曹操大军经斜谷（今陕西眉县西南）进入汉中境内，沿途派兵占据险要之地，想要寻找刘备主力决战。刘备采取占据险要、避免大战的办法，始终不与曹操主力军队争锋。曹军运送粮草到达北山，却被蜀将黄忠抢劫夺走。蜀国将军赵云率数十骑兵巡逻，与曹魏大军突然相遇，赵云镇定从容退回营中，偃旗息鼓，大开营门，曹兵怀疑有埋伏而自动撤退。赵云命令鼓手擂鼓，其声震天；又命士兵用强劲的弓箭射魏兵后卫。魏兵十分害怕，自相践踏，落入汉水中淹死的人很多。刘备称赞赵云说"子龙一身都是胆"。

曹刘两军又相持一个多月，曹操一直无法取胜，到了5月，只得下令撤出进攻汉中的全部军队，刘备于是占据汉中。7月，刘备自称汉中王，提拔门将魏延为镇远将军、汉中太守。

魏蜀争夺汉中之战，刘备用兵灵活，赵云智勇双全，以空城计大破曹军，堪称一身都是胆。刘备占领汉中要地，为其今后的发展打下了基础。

26. 驱"火牛"田单复齐国

公元前284年，乐毅在燕国做宰相，见齐湣王残暴不仁、国民怨声载道，于是联合秦、赵、韩、魏四国起用国中精锐部队讨伐齐国，在济水之西大破齐军。此后，燕军长驱直入，势如破竹，连下包括齐都临淄在内的七十余城，只有即墨、莒州坚守未能攻下。乐毅于是休兵养士，去除齐国暴令，减轻赋役，齐国百姓十分高兴。乐毅认为齐国只剩下两座城市，已不能成就大事，若在齐人面前表示恩惠，让他们自己投降，则为上策，于是暂缓进攻。此后两国之兵在即墨相持三年之久。

当时即墨城中有齐王远族人，叫田单，智术深广，熟悉兵法，深受齐国士兵的信赖，被拥立为将，开始筹备复国大事。田单先派人到燕国散布流言，说乐毅将背叛燕国自立为齐王，刚好燕大夫骑劫与乐毅不和，也在新立的燕惠王面前大进谗言，燕惠王怀疑乐毅，不重用他，而以骑劫取代他。骑劫代将后全都修改了乐毅的政令，燕军都怨愤不服；骑劫急于求成，不久即率军攻城，无奈田单治军有方，守城更加牢固，骑劫无法快速取胜。骑劫还杀害投降的士兵，挖齐人的坟墓，想恐吓齐人，谁知这些损招不仅没有吓倒齐人，反激起齐国将士复仇杀敌、驱燕复国的斗志。

田单知士气可用，于是精选强壮兵士五千人，隐藏在民间，其余老弱和妇女轮流守城，在敌人面前表示弱小，迷惑敌人。同时使人到燕国军营中假说投降，因为城中粮食都吃完了，全城将士在某天出来投降。田单又从民间收集若干黄金，让富有人家私下里送给燕国将领，许诺投降后保全家小，使燕军更加骄傲得意。燕将很是高兴，呆呆地等着田单出城投降。而此时田单却紧锣密鼓，筹备恢复齐国。田单使人收取全城之牛共千余头，为牛披上画有五色龙文的绛衣，将利刃束在牛角，又将麻苇灌上膏油，系在牛尾上，拖后如扫帚，在约定投降的前一天，安排停当。这一夜田单用酒肉犒赏五千壮士后，让他们用五色涂面，各自拿着锐利的武器，跟随在牛后面。又让百姓凿开城墙作为洞穴，共十几处，从穴中出驱赶牛群，用火烧其尾帚。火渐渐烧至牛尾，牛发怒了，直奔燕军大营。燕军此时只等第二天接受降军、进入城池，早已到了梦乡，忽然听到牛奔跑发怒的声音，从梦中惊起，见火海之中龙文五彩，不知是何神物。"火牛"突奔前来，角刃所触及的人群，没有不死伤的，燕军大乱。那五千壮士更是不言不语，大力阔斧，见人便砍，虽然只有五千人，慌乱之中恰像几万人一般。再加上城中百姓击打铜锣的声音，鼓噪呐喊，燕军个个吓破了胆，毫无抵抗之力，争先而逃，自相踩踏，死伤不计其数。骑劫落荒而逃，正好遇见田单率城中士兵和百姓赶来，一戟将骑劫刺死，燕军大败。

　　田单用"火牛"奇计破骑劫后，整顿队伍，乘势追击，战无不胜，直达齐国北界。所过城邑听说齐兵得胜，燕将已死，全都背叛燕国而归附齐国。

八、九变篇

—孙子名言—

孙子曰：凡用兵之法，将受命于君，合军聚众，圮地无舍，衢地合交，绝地无留，围地则谋，死地则战。

—名言解读—

孙子说：大凡用兵的法则是：将帅接受国君的命令，征集民众、组织军队，出征时在沼泽连绵的"圮地"上不可以驻扎；在多国交界的"衢地"上应该结交邻国；在"绝地"上不要停留；遇上"围地"要巧设奇谋；陷入"死地"要殊死搏斗。所谓"圮地"是指难以通行的山林、险阻、沼泽等地；所谓"衢地"是指四通八达的交接之地；所谓"绝地"是指难以生存的地方；所谓"围地"是指进退困难、易被包围的地方；所谓"死地"是指进则无路，退亦不能不经过死战就难以生存的境地。韩信井陉之战，就是这样的典型战例。

—经典案例—

27. 韩信背水一战

公元前 204 年，平定了魏地的韩信和张耳率领几万大军，想通过太行山区的井陉（今河北西部，邻接山西）。赵王歇和成安君陈馀，就把 20 万兵力聚集在井陉关的险要口。

赵将广武君李左车对成安君陈馀说："韩信正攻下魏地，其锋锐不可当。但是，我们的井陉关道路非常狭窄，不能使两辆兵车并行，不能使骑兵排成行列。汉军从几百里外而来，他们的粮车一定落在部队的后面，请您拨给我3万奇兵，抄小路去拦截粮车，您深掘战壕，高筑营垒，坚守阵地，不出兵交战。这样，他们往前不能进，向后不能退，我再用奇兵切断他们的后路，叫他们没有一点吃的用的，不出十天，我们就可得到韩信和张耳的头颅。不然，我们就会成为他们的俘虏。"

陈馀却说："韩信现在的兵力，口头上号称有几万。其实不过几千人罢了！像这样兵力薄弱、跋涉千里的疲惫不堪的军队，我们反而避开不打，以后遇到强大的敌人怎么办呢？那么其他的诸侯就会笑话我们胆小，就会轻易地来攻打我们了。"

再说韩信派人刺探赵军情况，听说陈馀没有按照李左车的计策行事，这才大胆地向那狭长的隘路挺进。在离井陉险要口30里的地方，安营扎寨。半夜里发出突击的命令，挑选两千轻骑，让他们每人携带一面红色汉旗，从近道沿着山路隐蔽行进到赵军军营附近。临行前，韩信对他们说："赵军看到我军败退，一定会倾巢出动追击我军，到那时你们立即冲入赵营，把他们的旗帜拔了，换上我军的旗帜。"

接着，韩信派一万人作先头部队，开出营寨，面向赵军，背向河水，排开了阵势。赵军见后，都嘲笑汉军愚蠢。天亮后，韩信率领部分军队开出井陉口隘道。赵军果然全部拉出军队迎击。双方交战了很久，汉军假装败退，赵军全力追击，远离了军营。韩信事先派出的那两千轻骑，早已埋伏在赵营的附近，这时乘机冲入赵营，把赵国的旗帜都拔了，换上了两千面汉军的旗帜。

再说韩信、张耳率军退入背水的军阵之中，因为那里没有退路了，个个拼死作战，赵军一下子不能取胜。打了一阵拉锯战，赵军想收兵回营，可是回头一看，营帐上全是汉军的红色旗帜，大为惊恐，以为汉军已经俘虏了赵王及其将领。汉军见赵军阵势大乱，乘机分两路夹击，大破赵军，杀了陈馀，活捉了赵王歇和李左车。

战斗结束后，有人问韩信："兵法上说，作战时要背山临水，可是将军却背水为阵，反其道而行，这是什么战术呀？"

韩信说："兵书上说，'必须把军队置于险境，士兵才能奋勇作战，然后可以绝处逢生，获得胜利'。如果把这些平素并没有受我训练的将士安置在可以逃生的地方，他们就都逃走了，怎么还能依靠他们作战制敌呢？"诸将都非常佩服地说："这真是我们想不到的啊！"

28. 爱名的名将吴起

吴起是卫国人，善于用兵，曾经向曾子求学，奉事鲁国国君。齐国的军队攻打鲁国，国君想任用吴起为将军，而吴起娶的妻子却是齐国人，因而国君不十分信任他。当时，吴起一心想成名，就杀了自己的妻子，用来表明他不亲附齐国。鲁君终于任命他做了将军，率领军队攻打齐国，把齐军打得落花流水。

鲁国就有的人诽谤吴起说："吴起为人猜疑残忍，他年轻的时候，家里积蓄足有千金，在外边求官没有结果，把家产也荡尽了，同乡邻里的人笑话他，他就杀掉三十多个讥笑自己的人。然后从卫国的东门逃跑了。他和母亲诀别时,咬着自己的胳膊狠狠地说:'我吴起不做卿相,绝不再回卫国。'后来,吴起拜曾子为师。不久,他母亲死了,吴起最终还是没有回去奔丧。曾子瞧不起他并和他断绝了师徒关系。吴起就到鲁国去,学习兵法来奉事鲁君。鲁君怀疑他,吴起杀掉妻子表明心迹,用来谋求将军的职位。鲁国虽然是个小国,却有着战胜国的名声,那么诸侯各国就要谋算鲁国了。况且鲁国和卫国是兄弟国家,鲁君要是重用吴起,就等于抛弃了卫国。"于是,鲁君开始怀疑吴起,并渐渐疏远了吴起。

这时,吴起听说魏国文侯贤明,想去投靠他。文侯问李克说:"吴起这个人怎么样啊?"李克回答说:"吴起贪恋成名爱好女色,然而要论带兵打仗,就是司马穰苴也超不过他。"于是魏文侯就任用他为主将,攻打秦国,夺取了五座城池。

吴起做主将,跟最下等的士兵穿一样的衣服,吃一样的伙食,睡觉不铺垫褥,行军不乘车骑马,亲自背负着捆扎好的粮食和士兵们同甘共苦。有个士兵生了恶性毒疮,吴起替他吸吮脓液。这个士兵的母亲听说后,就放声大哭。有人说:"你儿子是个无名小卒,将军却亲自替他吸吮脓液,怎么还哭呢?"那位母亲回答说:"不是这样啊,往年吴将军替他父亲吸吮毒疮,他父亲在战场上勇往直前,就死在敌人手里。如今吴将军又给他儿子吸吮毒疮,我不知道他又会在什么时候死在什么地方,因此,我才哭他啊。"

魏文侯因为吴起善于用兵打仗,廉洁不贪,待人公平,能得所有将士的欢心，就任命他担任西河地区的长官，来抗拒秦国和韩国。

魏文侯死后，吴起奉事他的儿子魏武侯。武侯泛舟黄河顺流而下，船到半途，回过头来对吴起说："山川是如此的险要、壮美哟，这是魏国的瑰宝啊！"吴起回答说："国家政权的稳固，在于施德于民，而不在于地理形势的险要。从前三苗氏左临洞庭湖，右靠彭蠡泽，因为它不修德行，不讲信义，所以夏禹能灭掉它。夏桀的领土，左临黄河、济水，右靠泰山、华山，伊阙山在它的南边，羊肠坂在它的北面。因为他不施仁政，所以商汤放逐了他。殷纣的领土，左边有孟门山，右边有太行山，常山在它的北边，黄河流经它的南面，因为他不施仁德，武王把他杀了。由此看来，政权稳固在于给百姓施以恩德，不在于地理形势的险要。如果您不施恩德，即便同乘一条船的人也会变成您的仇敌啊！"武侯回答说："讲得好。"

吴起做西河郡守，取得了很高的声望。魏国设置了相位，任命田文做国相。吴起很不高兴，对田文说："请让我与您比一比功劳，可以吗？"田文说："可以。"吴起说："统率三军，让士兵乐意为国死战，敌国不敢侵犯魏国，您和我比，谁好？"田文说："不如您。"吴起说："管理文武百官，让百姓亲附，充实府库的储备，您和我比，谁行？"田文说："不如您。"吴起说："拒守西河而秦国的军队不敢向东侵犯，韩国、赵国服从归顺，您和我比，谁能？"田文说："不如您。"吴起说："这几方面您都不如我，可是您的职位却在我之上，是什么道理呢？"田文说："国君还年轻，国人疑虑不安，大臣不亲附，百姓不信任，正当处在这个时候，是把政事托付给您呢，还是应当托付给我？"吴起沉默了许久，然后说："应该托付给您啊。"田文说："这就是我的职位比您高的原因啊。"吴起这才明白在这方面不如田文。

田文死后，公叔出任国相，娶了魏君的女儿，却害怕吴起。公叔的仆人说："吴起是不难赶走的。"公叔问："怎么办？"那个仆人说："吴起为人有骨气而又喜好名誉，您可找机会先对武侯说：'吴起是个贤能的人，但您的国土太小了，又和强大的秦国接壤，我私下担心吴起没有长期留在魏国的打算。'武侯就会说：'那可怎么办呢？'您就趁机对武侯说：'请用下嫁公主的办法试探他，如果吴起有长期留在魏国的心意，就一定会答应娶公主，如果没有长期留下来的心意，就一定会推辞。用这个办法能推断他的心志。'您找个机会请吴起一道回家，故意让公主发怒而当面轻视您，吴起见公主这样蔑视您，那就一定不会娶公主了。"后来，吴起见到公主如此地蔑视国相，果然婉言谢绝了魏武侯。武侯怀疑吴起，也就不再信任他。吴起怕招来灾祸，于是离开魏国，随即就到楚国去了。

楚悼王早就听说吴起贤能，刚到楚国就任命他为国相。他使法明确，依法办事，令出必行，淘汰并裁减无关紧要的官员，停止疏远王族的按例供给，来慰劳战士。致力于加强军事力量，揭穿往来奔走的游说之客。向南平定了百越；向北吞并了陈国和蔡国，打退韩、赵、魏三国的进攻；向西又讨伐了秦国。诸侯各国对楚国的强大感到忧虑。但是，被吴起停止供给的王族都想谋害吴起。等悼公一死，王室大臣发动骚乱，攻打吴起，吴起逃到楚王停尸的地方，伏在悼王的尸体上。攻打吴起的那帮人趁机用箭射吴起，同时也射中了悼王的尸体。等把悼王安葬停当后，太子即位。太子就让令尹把射杀吴起同时射中悼王尸体的人，全部处死，由于射杀吴起而被灭族的有七十多家。

太史公说：社会上称道军旅战法的人，无不称道《孙子》十三篇和吴起的《兵法》这两部书，因这两部书社会上流传很广，所以我不加论述，只评论他们生平行事所涉及到的情况。俗话说："能做的未必能说，能说的未必能做。"孙膑对抗庞涓的军事行动是英明的，但是他自己却不能预先避免被剜膝的酷刑。吴起向魏武侯讲凭借地理形势的险要，不如给人民施以恩德的道理，然而一到楚国执政却因为刻薄、暴戾、寡恩葬送了自己的生命。可叹啊！

29. 残暴的名将白起

白起，郿地人。他善于用兵，奉事秦昭王。公元前294年，白起被封为左庶长，带兵攻打韩国的新城。这一年，穰侯担任秦国的丞相，他推荐任鄙做了汉中郡守。第二年，白起又被封为左更，进攻韩、魏两国联军，在伊阙交战，杀敌二十四万人，又俘虏了他们的将领公孙喜，拿下了五座城池，由此白起升为国尉。他率兵渡过黄河夺取了韩国安邑以东直到干河的大片土地。第三年，白起被封为大良造，战败魏国军队，夺取了大小城邑六十一座。第四年，白起进攻并拿下了垣城。第五年，白起攻打赵国，夺下了光狼城。第七年，白起攻打楚国，占领了鄢、邓等五座城池。次年，再次进攻楚国，占领了楚国都城郢，烧毁了楚国先王的墓地，一直向东到达竟陵。楚王逃离郢都，向东奔逃迁都到陈。秦国便把郢地设为南郡。白起被封为武安君，他趁势攻取楚地，平定了巫、黔中两郡。公元前273年，白起进攻魏，直取华阳，使芒卯败逃，并且俘获了赵、魏将领，斩敌十三万人。当时，白起与赵国将领贾偃交战，把赵国两万士兵沉到黄河里。公元前264年，白起进攻韩国的陉城，夺取了五个城池，斩敌五万人。公元前263年，白起攻打韩国的南阳太行道，把这条通道堵死。公元前262年，白起发兵进击韩国的野王城，野王投降，使韩国的上党郡同韩国的联系被切断。上党郡守冯亭便同百姓们谋划说："通往都城郑的道路被切断，韩国肯定不能管我们了。秦国军队一天天逼近，韩国不能救应，不如把上党归附赵国。赵国如果接受我们，秦国恼怒，必定攻打赵国。赵国遭到武力攻击，必定亲近韩国。韩、赵两国联合起来，就可以抵挡秦国。"于是便派人通报赵国。赵孝成王跟平阳君和平原君一起研究这件事，平阳君说："不如不接受。接受它，带来的殃祸要比得到的好处大得多。"平原君表示异议说："平白得到一郡，接受它有利。"结果赵王接受了上党，就封冯亭为华阳君。

公元前261年，秦国攻占了韩国的缑氏和蔺邑。昭王四十七年（公元前260年），秦国派王齕攻韩国，夺取了上党。上党的百姓纷纷往赵国逃。赵国在长平驻扎军队，用来接应上党的百姓。4月，王齕借此进攻赵国，赵国派廉颇去统率军队。秦赵两军士兵时有交手，赵军士兵杀害了秦军侦察兵，秦军侦察兵又斩了赵军中名叫茄的副将，战事逐步扩大。6月，秦军攻破赵军阵地，夺下两个城堡，俘虏了四个尉官。7月,赵军高筑围墙,守城不出。秦军实施攻坚,俘虏了两个尉官,攻破赵军阵地,夺下西边的营垒。廉颇固守营垒,采取防御态势与秦军对抗,秦军屡次挑战,赵兵坚守不出。赵王多次指责廉颇不与秦军交战。秦国丞相应侯又派人到赵国花费千金施行反间计,大肆宣扬说:"秦国最伤脑筋的,只是怕马服君的儿子赵括担任将领而已,廉颇容易对付,他就要投降了。"赵王早已恼怒廉颇军队伤亡很多,屡次战败,却又不敢出战,再加上听到许多反间谣言,信以为真,于是就派赵括取代廉颇率兵攻击秦军,秦国得知赵括任将领,就暗地里派武安君白起担任上将军,让王龁担任尉官副将,并宣布军队中若有敢于泄露白起出任最高指挥官的,格杀勿论。赵括一到任上,就发兵进击秦军。秦军假装战败而逃,同时布置了两支突袭部队逼近赵军。赵军乘胜追击,直追到秦军营垒。但是秦军营垒十分坚固,不能攻入,而秦军的一支突袭部队两万五千人已经切断了赵军的后路,另一支五千骑兵的快速部队插入赵军的营垒间,断绝了它们的联系,把赵军分割成两个孤立的部分,运粮通道也被堵住。这时秦军派出轻装精兵实施攻击,赵军交战失利,就构筑壁垒,顽强固守,等待援兵的到来。秦王得知赵国运粮通道已被截断,他亲自到河内,封给百姓爵位各一级,征调十五岁以上的青壮年全部集中到长平战场,拦截赵国的救兵,断绝他们的粮草供应。

到了9月,赵国士兵断粮已经46天,军内士兵们暗中残杀以人肉充饥。被围困的赵军扑向秦军营垒,发动攻击,打算突围而逃。他们编成四队,轮番进攻了四五次,仍不能冲出去。将领赵括派出精锐士兵并亲自挂帅率领这些部下与秦军搏杀，结果秦军射死了赵括。赵括的部队大败，士兵四十万人向武安君投降。武安君谋划着说："前时秦军拿下上党，上党的百姓不甘心做秦国的臣民而归附赵国。赵国士兵变化无常，不全部杀掉他们，恐怕要出乱子。"于是，用欺骗伎俩把赵国降兵全部活埋了。只留下年纪尚小的士兵二百四十人放回赵国。此战前后斩首擒杀赵兵四十五万人，赵国上下一片震惊。

公元前259年10月，秦军再次平定上党郡。以后，秦军兵分两路：王龁攻下皮牢，司马梗平定太原。韩、赵两国十分害怕，就派苏代到秦国，献上丰厚的礼物劝丞相应侯说："武安君擒杀赵括了吗？"应侯回答说："是。"苏代又问："就要围攻邯郸吗？"应侯回答说："是的。"于是苏代说："赵国灭亡，秦王就要君临天下了，武安君当封为三公。武安君为秦国攻占夺取的城邑有七十多座，南边平定了楚国的鄢、郢及汉中地区，北边俘获了赵括的四十万大军，即使历史上赫赫有名的周公、召公和吕望的功劳也超不过这些了。如果赵国灭亡，秦王君临天下，那么武安君位居三公是定而无疑的，您能屈居他的下位吗？即使不甘心屈居下位，可已成事实也就不得不屈从了。秦军曾进攻韩国，围击刑丘，困死上党，上党的百姓都转而归附赵国，天下百姓不甘做秦国臣民的日子已经很久了。如果把赵国灭掉，它的北边土地将落入燕国，东边土地将并入齐国，南边土地将归入韩国、魏国，那么您所得到的百姓就没有多少了。所以不如趁着韩国、赵国惊恐之机让它们割让土地，不要再让武安君建功立业了。"听了苏代这番话，应侯便向秦王进言道："秦国士兵太劳累了，请您应允韩国、赵国割地讲和，暂且让士兵们休整一下。"秦王听从了应侯的意见，割取了韩国的垣雍和赵国的六座城邑便讲和了。正月，双方停止交战。武安君得知停战消息，自有想法，从此与应侯互有反感。

这一年9月，秦国曾再次派出部队，命令五大夫王陵攻打赵国邯郸。当时武安君有病，不能出征。公元前258年正月，王陵进攻邯郸，但战果很少，进展不大，秦国便增派部队帮助王陵继续进攻。结果王陵部队损失了五个军营。白起病好了，秦王打算派白起代替王陵统率部队。白起进言道："邯郸确实不易攻下。况且诸侯国的救兵天天都有到达的，他们对秦国的怨恨已经很深了。现在秦国虽然消灭了长平的赵军，可是秦军死亡的士兵也超过了一半，国内兵力空虚。远行千里越过河山去争夺别人的国都，赵军在城里应战，诸侯军在城外攻击，里应外合，内外夹击，战败秦军是毫无疑问的，这个仗不能打。"秦王亲自下令，白起不肯赴任。于是，秦王就派应侯去请他，但白起始终推辞不肯赴任，从此称病不起。

秦王只好改派王龁代替王陵统率部队，八九月围攻邯郸，没能攻下来。楚国派春申君同魏公子信陵君率领数十万士兵攻击秦军，秦军损失、伤亡很多。白起有了话说："秦王不听我的意见，现在怎么样了！"秦王听到后，怒火中烧，强令白起赴任，白起就称病情严重。应侯又请他，仍是辞不赴任。于是，秦王就免去白起的官爵降为士兵，让他离开咸阳迁到阴密。但武安君白起有病，未能成行。过了三个月，诸侯联军攻击秦军更加紧迫，秦军屡次退却，报告失利情况的使者日日不绝。秦王就派人驱逐白起，不能让他留在咸阳城里。于是，白起上路了，走出咸阳西门十里路，到了杜邮。秦昭王与应侯以及群僚议论说："让白起迁出咸阳，他流露的样子还不满意，不服气，有怨言。"秦王就派遣使者赐给他一把剑，让他自杀。武安君白起拿着剑就要抹脖子时，仰天长叹道："我对上天有什么罪过，竟落得这个结果？"过了好一会儿，说："我本来就该死。长平之战，赵国士兵投降的有几十万人，我用欺诈之术把他们全都活埋了，这足够死罪了。"随即自杀。武安君白起死在公元前257年11月。武安君白起死而无罪，秦国人都同情他，所以无论城乡都祭祀他。

九、行军篇

- 孙子名言 -

辞卑而益备者，进也；辞强而强进驱者，退也。

- 名言解读 -

"辞卑而益备者，进也；辞强而强进驱者，退也。"敌人措辞谦卑恭顺，同时又加强战略，这表明敌人准备进犯；敌人措辞强硬奸诈，在行动上又示以驱驰进攻姿态，这表明敌人准备后撤。

- 经典案例 -

30. 战神无敌霍去病

霍去病（公元前140—公元前117年），今山西省临汾人。他出身贫寒，父亲是一个小官吏，母亲卫少儿是婢女。后来，霍去病的姨母卫子夫成为武帝的宠妃，舅父卫青被武帝拜为大将军，母亲卫少儿便经常出入皇宫。据说，霍去病生下不久，卫少儿抱着他入宫去探望妹妹。

路过武帝殿前时，这个婴儿突然放声大哭。因伤风正卧床休息的武帝猛然间听到哇哇的哭声，惊出了一身冷汗，伤风竟

不治而愈了。武帝十分高兴，忙召唤卫少儿入内，并抱着孩子去玩了一阵。当得知孩子还没有取名时，武帝就为他取了一个非同一般的名字"去病"。直到今天，霍去病墓上的香火仍然常年不断，一些人指望他能"免灾去病"。霍去病18岁时，因武艺超群被任命为侍卫。他曾6次挂帅出征塞外，抗击匈奴，屡建战功，打通了河西走廊，保卫了西北边境的安全和"丝绸之路"的通畅，被汉武帝拜为骠骑大将军。为了奖励他，武帝命人为他修了一所豪宅。霍去病却推辞说："匈奴未灭，何以家为！"这种为国忘家的精神为后世所称颂。然而这位杰出的青年军事家在战场上仅仅驰骋了6年，24岁时便不幸病死于祁连山。武帝悲痛万分，下令边界上5个郡的匈奴移民，穿上黑甲，护送霍去病的遗体回长安。霍去病墓冢用土石叠成，象征祁连山，同时还雕刻各种巨型石人、石兽作为墓地装饰。至今祁连山下仍然流传着许多关于这位汉代名将的传说。在兰州五泉山，人们说，当年霍去病兵马途径这里，干渴难忍，于是霍去病以剑穿地，泉水涌出，留下了五个泉眼，以后此地便叫五泉山。在祁连山边的酒泉，人们说，当年霍去病大败匈奴，攻占此地，汉武帝亲赐美酒犒劳霍大将军。霍去病没有一人独享，而是把美酒倒入泉中，与三军将士共享，从此便有"酒泉"这个地名。

　　在卫青建功立业的同时，霍去病也渐渐地长大了，在舅舅的影响下，他自幼精于骑射，虽然年少，却不愿意像其他王孙公子那样呆在长安城里，他渴望早日杀敌立功。

　　公元前123年，漠南之战。未满18岁的霍去病主动请战，武帝于是封他为骠姚校尉随军出征。在战场上，霍去病凭着一腔血气,英勇善战,带领八百骑兵在茫茫大漠里奔驰数百里寻找敌人踪迹,结果他独创的"长途奔袭"遭遇战首战告捷,斩敌二千余人,匈奴首领单于的两个叔父一个毙命一个被活捉,而霍去病所带部队人无一伤亡。汉武帝立即将他封为冠军侯,赞叹他的勇冠三军。霍去病的首战,以这样夺目的战果,向世人宣告,汉家最耀眼的一代名将横空出世了。

公元前121年的春天,霍去病被任命为骠骑将军,独自率领一万精兵出征匈奴。这就是河西大战。19岁的统帅霍去病不负众望,在千里大漠中闪电奔袭,打了一场漂亮的迂回战。六天中他转战匈奴五部落,一路猛进,并在皋兰山与匈奴卢侯王、折兰王打了一场硬碰硬的生死战。在此战中,霍去病一万精兵仅余三千人,但匈奴损失更为惨重,卢侯王和折兰王战死,霍去病军队斩敌八千余人,连匈奴休屠祭天金人也成了汉军的战利品。在这场血与火的对战之后,汉王朝中再也没有人怀疑少年霍去病的统军能力,他成为汉军中的一代军人楷模、尚武精神的化身。

同年夏天,汉武帝决定乘胜追击,展开收复河西之战。此战,霍去病成为汉军的统帅,而多年的老将李广等人则作为他的策应部队。令人哭笑不得的是,配合作战的公孙敖等常跑大漠的"老马"还不如长安公子霍去病，居然在大漠中迷了路，没有起到应有的助攻作用。而老将李广的军队则被匈奴包围。霍去病再次孤军深入，大获全胜。就在祁连山，霍去病的精兵斩敌三万余人，俘虏匈奴王室成员和将士若干人。经过这一战役，匈奴不得不退到燕支山北，汉王朝收复了河西平原。曾经在汉王朝头上为所欲为、使汉朝人家破人亡的匈奴终于也唱出了哀歌："亡我祁连山，使我六畜不繁息；失我燕支山，使我妇女无颜色。"从此，汉军军威大振，而19岁的霍去病更成了令匈奴人闻风丧胆的战神。

真正使霍去病犹如天神的事情是"河西受降"，发生的时间在秋天。两场河西大战后，匈奴单于想狠狠地处理一再败阵的浑邪王，消息走漏后浑邪王和休屠王便想要投降汉朝。汉武帝不知匈奴二王投降的真假，于是派霍去病前往黄河边受降。当霍去病率部队渡过黄河的时候，果然匈奴投降部队中发生了哗变。面对这样的情形，霍去病竟然只带着数名亲兵就冲进了匈奴营中，直面浑邪王，下令他诛杀哗变士兵。我们永远也猜想不出当时的浑邪王心里都在想些什么。但那一刻他完全有机会把霍去病扣为人质或杀他报仇，只要他这样做了，单于不但不会杀他反而要奖赏他。然而最终浑邪王放弃了，这名敢于孤身冒险不惧生死的少年用气势镇住了他。霍去病的气势不但镇住了浑邪王，同时也镇住了四万多名匈奴人，他们最终没有将哗变继续扩大。

河西受降顺利结束，汉王朝的版图上，从此多了武威、张掖、酒泉、敦煌四郡。河西走廊正式并入汉王朝。

公元前119年，为了彻底消灭匈奴主力，汉武帝发起了规模空前的漠北大战。这时的霍去病，已经毫无争议地成为了汉军的王牌。汉武帝对霍去病的军事能力无比信任，在这场战争的事前策划中，原本安排了霍去病打单于，结果由于情报错误，这个对局变成了卫青的，霍去病没能遇上他最渴望的对手，而是碰上了左贤王部。但这场大战完全可以算是霍去病的巅峰之作。在深入漠北寻找匈奴主力的过程中，霍去病率部奔袭两千多里，以一万五千的损失数量，歼敌七万多人，俘虏匈奴王及将相等近百人。大约是渴望碰上匈奴单于，"独孤求败"的霍去病一路追杀，来到了今蒙古肯特山一带。就在这里，霍去病暂作停顿，率大军进行了祭祀天地的典礼，祭天封礼在狼居胥山举行，祭地禅礼在姑衍山举行。这是一个仪式，也是一种决心。封狼居胥之后，霍去病继续率军深入追击匈奴，一直打到贝加尔湖，方才收兵。

经过此战，"匈奴远逃，漠南无王庭"。霍去病和他的"封狼居胥"从此成为中国历代兵家人生的最高追求，成为一代将才终生奋斗的梦想。而这一年的霍去病，年仅二十二岁。

在完成了这样的功业之后，霍去病也登上了他人生的顶峰——大司马骠骑将军。然而仅仅过了两年，公元前117年，24岁的骠骑将军霍去病就去世了，霍去病死后被封为景桓侯。

霍去病少言多行，从不说空话。汉武帝曾经想亲自教他孙武兵法，他回答道："打仗应该随机应变，而且世易时移，古代的兵法已不合适了。"霍仲孺当初不愿做胎中霍去病的父亲，卫少儿也就从来不曾告诉过他自己的身世。当霍去病立下盖世功勋之后，他终于知道了自己的身世。就在他成为骠骑将军之后，他来到了平阳，向当年抛弃了自己的父亲霍仲孺下跪说："去病早先不知道自己是大人之子，没有尽孝。"霍仲孺愧疚地说："老臣得托将军，此天力也。"随后，霍去病为从未尽过一天父亲责任的霍仲孺置办田宅，并将后母之子霍光带到长安培养。

少年将军霍去病并不是完人，他曾经射杀李敢，也曾经御下严峻。然而再严峻他仍然是军神，所有的士兵都向往成为他的部下，跟随他杀敌立功。他一生四次领兵正式出击匈奴，都以大胜回师，灭敌十一万，降敌四万，开疆拓土，战功比他的舅舅卫青还要壮观。对于整部世界军事史来说，少年大将霍去病那马踏匈奴的绝世风采，都是流芳百世的传奇。

31. 东西魏沙苑、渭曲之战

东晋时期，刘裕北伐灭南燕、后秦之后，于公元420年6月逼迫晋恭帝让位，自立为帝，国号为宋，史称刘宋。刘宋政权占领了中国黄河以南的大部分地区，而北方则被鲜卑族拓跋氏建立的北魏政权所占领，形成南北对立的两个政权。而后，刘宋经历了齐、梁、陈等朝代的更迭；北魏则分裂为东魏、西魏，后变为北齐、北周。沙苑、渭曲之战即发生在北魏分裂后的东西魏之间。

公元534年，统一了我国北方的北魏分裂为东魏和西魏两个政权。西魏建都长安（今陕西西安），政权为丞相宇文泰所把持。东魏建都邺（今河北临漳南），政权为丞相高欢所把持。双方政权为吞并对方，进行过多次战争，发生在公元537年的沙苑、渭曲之战只是其中的一次。在这次战争中，东魏出动的二十万大军进攻西魏，西魏军则以七千精骑迎战。由于西魏军统帅宇文泰在外军相敌方面高于东魏高欢一筹，因而西魏军能够以弱胜强，赢得这场战争的胜利。

公元534年，东魏依仗地广人多，军事上占有优势，便出动军队企图占领西魏重要关口潼关，不料被西魏击退。此后，东魏两次出军攻占潼关未成。宇文泰对于高欢多次袭击西魏要地愤愤不平，便于公元537年8月率军东进，攻占了东魏的军事要地恒农（今河南三门峡市西）。没过多久，东魏高欢就命大将高敖曹领军三万，由洛阳向西反攻恒农；同时自率主力二十万，由太原、临汾南下，从蒲坂（今山西永济西）西渡黄河，进入关中，从而拉开了沙苑、渭曲之战的序幕。

从高欢行动的趋向看，他是想分两路向长安方向推进。一路由高敖曹军从洛阳出发打击恒农，夺回恒农后向潼关、渭南方向推进；另一路由高欢亲自带领，从蒲坂西渡黄河，占领军事要道华州，然后向前推进，争取与高敖曹军会合。

西魏宇文泰得知高欢西进的消息，决定尽全力阻止敌军西进。他一面命大将王熊坚守华州（今陕西大荔），阻止魏军西进；一面派人到各地征调兵马，并从恒农抽调出近万人回头救关中。东魏高敖曹趁势包围了恒农；高欢军渡过黄河后，立即攻打华州城。然而华州城坚难攻，于是高欢命军队在距华州北三十里的许原驻扎下来。

宇文泰军队回到渭南后，便想进击高欢。但部将们认为，各地征调的兵马还未赶到，敌我兵马悬殊较大，还是暂不迎战为好。宇文泰坚持己见。他解释说："现在东魏军远道而来，刚开始攻打华州不下，便在许原屯兵观望，说明他们军队人数虽多，但没战斗力，也没有苦战克敌的精神，我们趁他立足未稳，地理不熟，马上迎击。如果让其站稳脚跟，继续西进，逼近长安，那就会动摇人心，形势对西魏将更为不利。"宇文泰的解释打消了部将的疑虑，西魏军队抓紧作好北渡渭水的准备。

9月底，西魏军队在渭水上搭好浮桥，宇文泰亲率轻骑七千，携带三天的粮草，北渡渭水。10月1日，宇文泰军到达距东魏军六十里处的沙苑（今陕西大荔南）驻扎下来。

宇文泰驻军在沙苑扎营后，立即派人化装成许原一带的居民，潜入东魏兵营附近活动，侦察高欢军队的情况。经过侦察，宇文泰证实了自己的判断。从人数对比上来看，宇文泰意识到敌军确实强于自己，但东魏军战斗力不强，而且骄傲轻敌。这时，宇文泰的部将李弼建议利用十里渭曲（渭河弯曲部分）沙丘起伏、沼泽纵横、芦苇丛生的有利地形，采取预先埋伏，布设口袋，诱敌深入的伏击之计，一举消灭敌人。这个建议正符合宇文泰出奇制胜的想法，于是，宇文泰欣然采纳此建议，决定利用渭曲复杂的地理环境打一场歼灭战。

32. 李自成兵败山海关

听闻山海关的吴三桂"造反"，李自成坐不住了。想让刘宗敏、李锦率军出征，但二将在京城贪图享受，摇头不应，李自成无奈，只得"亲征"。

"亲征"前，他下令处决了以大学士陈演为首的明朝大臣一百多人,并把掠夺来的银两整车运往"西京"(西安)。

4月19日,李自成正式发兵,除随行的七八万精兵外,还有吴三桂父亲吴襄及崇祯帝的三个儿子。

1644年初,皇太极已死。主持清国政局的多尔衮听说李自成在西安建"大顺",立刻提出要"并取中原,同享富贵"。李自成没有反应。3月初,农民军兵临京城,吴三桂接诏放弃宁远,往山海关方向移动,清国上下大为兴奋,准备借机南取中原。

清汉人"大学士"范文程分析道:其一,可入边直取北京;其二,昔日以明为敌,此次的敌人是农民军;其三,明朝积弱,必定灭亡,定要趁此机会占领中原,特别是河北地区。对此,多尔衮大为赞同。

吴三桂奉旨率军队于3月20日抵达丰润,却听说农民军已经在前一天攻破北京城。这时的吴三桂平生第一次真正处于两难地步:孤军穷途,要么投降农民军,要么降清。

吴三桂最后作出的抉择是投降李自成。一来老父身陷北京,为李自成扣押;二来大明已亡,新朝未建,不失为开国功臣。李自成当然看重山海关的吴三桂,一入京就派人发文招抚,表示归大顺后"不失封侯之位",其父吴襄为全家性命打算,也"语重心长"亲笔写信来劝。犹豫间,吴三桂却得知大顺军在京拷打明朝官员追赃之事,大失所望。当他得知父亲也被夹拷，更是愤怒至极，决定不再进入北京。

作此选择的吴三桂自然要靠近背后咄咄逼人的清，但他不是立刻降清，而是以大明朝孤臣义士的身份，向清"借兵复仇"。

吴三桂请清军从喜峰口、密云等处入边，自己仍试图掌握山海关险隘来牵制清军。

接吴三桂密信，多尔衮大喜过望，立刻直奔山海关，同时写信许以"裂土封王"，要对方投降，而不是"借兵"。

4月21日，清前军抵达山海关外，在欢喜岭上安营扎寨，并与吴三桂进行了过程艰难的"谈判"。不久，清军大军陆续到达，共十四万人集结于关外。

此时，多尔衮及部将均有疑惑，第一是怕吴三桂骗人，第二是清军从未与李自成交过手，心中没谱儿。情急之下，4月22日，吴三桂本人亲自出关，在欢喜岭上拜见多尔衮。

多尔衮许诺说："君为故主复仇，大义可嘉。我现在领兵入关，严令大军遵纪，如有人敢抢一粒米，敢动一株草，都会被军法处死。望君告知关内士民，千万不要惊慌。"但多尔衮仍不放心，又让吴三桂剃发。生死危急关头，吴三桂只得立刻剃发称臣。明军四五万人来不及全剃发，多尔衮就让他们缠白布为记号，混战中，清军知为盟军而不杀。于是，吴三桂下令开山海关门。清军几十年梦想，一朝就成为现实，而且不费一兵一卒。

吴三桂自为前锋，英王阿济格居左，豫王多铎居右，多尔衮自己率主力殿后。大战开始，身经百战的李自成此时还不知道清军已经入关，同时对吴三桂军力估计也不足，与崇祯太子并骑于高岗，悠闲观战。

吴三桂士兵，呐喊冲杀；而农民军有"主上"亲征，个个当先。汉人们厮杀在一起，难分胜负。关键时刻，清军号角声响起，两三万戴斗笠拖大辫的清军劲骑呐喊杀来。

李自成大吃一惊，当时的反应不是加紧指挥部队战斗，而是掉转马头就跑。

身经百战的农民军得胜在即，却忽然看见装束奇特的清军纵马而来，嗷嗷乱叫，顿时胆裂。又见"主上"跑了，也立刻掉头逃命，兵败如山倒。明军与清军合击，一路追杀，二三十里间都堆满了农民军尸体，据说暴骨三年都收拾不净。

望着巍巍雄关和遍地的农民军尸体，高兴之余，多尔衮立刻封吴三桂为"平西王"。李自成仅剩数千残兵，败退永平，下令剐杀吴三桂父亲吴襄，在高杆悬其首级，稍微喘息片刻，就急忙奔赴北京。

在此大胜之际，吴三桂仍存复明之心，令人急速入京，告知北京官员士民准备迎接崇祯帝太子复位。多尔衮当然不干，事情不了了之。而北京官民对清入关之事根本不知，都兴奋地等待着重回大明天下。

十、地形篇

—孙子名言—

夫地形者,兵之助也。

—名言解读—

"夫地形者,兵之助也。"孙子的意思是说:地形是用兵打仗的辅助条件。

—经典案例—

33. 崤山伏击战

中国春秋中期,晋国为阻遏秦国争霸中原,发兵歼灭秦军于崤山(今河南陕县东南)关口。

秦穆公凭着日渐强盛的国力,早想争霸中原,但东出道路为晋国所控制。公元

前628年,秦穆公得知郑、晋的国君都刚离世,想出兵越晋国国境偷袭郑国。主政大夫蹇叔认为,这样出师不明智,况且孤军远道袭击郑国,一定会给晋国所乘之机,不主张出兵。穆公不听,坚持要袭击郑国。晋襄公及其谋臣为维护霸业,决心乘机打击秦国。秦军往返必经崤山,此山峻壁绝

涧，唯东、西二崤间有一蜿蜒小道。晋国确定先不惊动秦军让他自高自大，等到他们疲惫返回，在崤山险地设计埋伏歼灭秦军。

12月，秦将孟明视、西乞术、白乙丙率军出雍都，穿越崤山隘道，偷越晋国南境，在第二年2月抵达滑（河南偃师东南）。恰遇郑国商人弦高赴周贩牛，弦高断定秦军一定是偷袭郑国，就假借郑君的命令，犒劳秦军。孟明视等见弦高犒劳秦军，以为郑国已有准备，不再前进，灭滑而还。

晋国侦察得知秦军返归，4月初，就命先轸率军先于秦军秘密赶到崤山，崤山位于今天河南省陕县境内，是秦军西归的必经之地，而且当地正是复杂的山地隘道地形，可以说是设伏作战的最佳地点。晋襄公亲率大军埋伏于崤山隘道两侧的高地。4月13日，回师途中的秦军也到达了崤山。等到秦军全部进入了晋军设伏地区之后，晋军突然从四周高地俯冲而下，发起猛烈进攻。此前，秦军在东进途中没有遇到过任何人的抵抗，一路上趾高气扬，轻浮傲慢。经过周王都城的时候，"超乘者三百乘"。意思是说，按照当时的礼节，各诸侯国的军队通过天子所在地时，兵车三名成员，除了中间的驭手需要继续驾车之外，左右两兵武士必须下车，脱下头盔拿在手里，表示向周天子致敬。等到走过了天子的城池，才能再次上车。而秦军士兵再次上车的时候却是很不礼貌的跳跃上车，这是轻浮无礼的举动。可见秦国军队一路之上是无所顾忌，大摇大摆地向前走。所以在归途之中，秦军更加是疏于防备。崤山一带复杂的山谷地形，秦军又是以大量的战车和重装备为主的军队，机动起来十分不便。而晋军却早有准备，而且为了打这场山地伏击战，晋国人甚至还调动了当地的戎族军队参战。可以说这是一场秦军将士没有预料半点的战争。当晋军和戎族军队从崤山隘道四周的高地、山口杀将而来的时候，布满山谷的秦军车辆装备毫无施展威力的余地，像一条长蛇一般拥挤在山谷中，秦军士兵更是乱作一团。秦军遭到晋军突然袭击，猝不及防，伤亡非常惨重，几乎全军覆没，孟明视等三名将领也被晋军俘虏。

崤之战，秦军惨遭晋军的伏击，以致全军覆灭。秦国东进争霸中原的战略意图尚未完全付诸实施，便遭受了如此巨大的打击，对于秦穆公来说，这一出乎预料的结果真是糟糕透了。此战，晋军针对秦军政治上的被动、作战指导上的侥幸，选择有利时机、有利地形实施攻击，取得阻止秦国东向争霸的决定性胜利。

— 孙子名言 —

故曰：知彼知己，胜乃不殆；知天知地，胜乃不穷。

— 名言解读 —

故曰：知彼知己，胜乃不殆；知天知地，胜乃不穷。意思是：所以说，了解对方，了解自己，争取胜利也就不会有危险；懂得天时，懂得地利，胜利也就可以永无穷尽了。

— 经典案例 —

34. 夷陵之战

夷陵之战，又称彝陵之战、猇亭之战。爆发于公元222

年，是三国时期吴国（孙权）和蜀汉（刘备）为争夺战略要地荆州八郡而进行的一场战争，也是中国古代战争史上一次著名战例。

公元208年赤壁之战以后，辖有长江南北八郡的战略要地荆州为曹操、刘备、孙权三方所瓜分。曹操占据南阳和江夏北部，孙权据有南郡和江夏南部，刘备则夺取了长沙、武陵、零陵、桂阳四郡。公元210年，在刘备的请求和鲁肃的规劝之下，孙权又把位于长江北岸的战略要地借给了刘备。这样一来，刘备实际上就基本控制了荆州。不久，刘备又先后夺取了益州和汉中，历史上魏、吴、蜀三国鼎立的局面就这样形成了。汉中和荆州是蜀汉的两个战略基地，从汉中可以北出潼关，攻打洛阳；从荆州北上可以经襄阳攻打许昌，东下则可以直捣吴国的腹地，使蜀汉处于进可以攻，退可以守的有利地位。

处于长江中下游的东吴政权，面对刘备势力的迅速发展，深感不安。只是由于当时双方合力抗曹是共同的战略目标，这一矛盾才暂时未被激化。公元211年，孙权占据交州（今广东、广西）后，力量进一步扩大；而当时曹操正忙于兼并关中马超、韩遂势力，以期稳定后方，无暇南顾。孙权便趁这个机会向刘备索还荆州，而刘备则以"得到凉州，就把荆州归还"为借口拒绝归还。两国矛盾日趋尖锐，曾一度兵马相见。最后虽然达成了平分荆州的协议：以湘水为界，孙权占有江夏、长沙、桂阳，刘备据有南郡、武陵、零陵，但是两国间的矛盾并未真正消除。

公元219年，孙权趁蜀汉荆州守将关羽率军北攻襄阳、樊城，与曹魏大军激战未停，后方空虚之际，派遣大将吕蒙"白衣渡江"，袭击占领关羽的后方基地江陵。关羽闻讯后急忙率军回救，结果兵败被杀，孙权于是占有了整个荆州。这样一来，孙、刘矛盾全面激化，最终导致了夷陵之战。

公元221年，刘备在成都称帝，国号汉，史称蜀汉，年号章武。一个月后，刘备决定大举攻吴，企图为关羽报仇，夺回荆州。魏文帝曹丕见到孙刘联盟内部分化瓦解，很是高兴，并乘机煽风点火，多方寻找机会以加剧吴蜀之间的矛盾，好坐收渔人之利。蜀汉方面诸葛亮、赵云等绝大多数大臣、将领都看到了大举攻吴对蜀不利，因此再三规劝刘备不要出兵攻吴。但是，正在气头上的刘备丝毫听不进这些意见。

孙权方面，在夺得了荆州之后，为了巩固既得利益，也不愿再加剧吴蜀之间的冲突，曾两次遣使主动向刘备求和，但均为刘备所拒绝。东吴南郡太守诸葛瑾（诸葛亮之兄）也曾给刘备写信，向他陈说利害，希望刘备停止攻吴行动。刘备同样置之不理。

公元221年7月，刘备亲率蜀汉军队十多万人，对吴国发动了大规模的战争。当时,两国的国界已西移到巫山附近,长江三峡成为两国之间的主要通道。刘备派遣将军吴班、冯习率领4万多人为先头部队,夺取峡口,攻入吴境,在巫地(今湖北巴东)击破吴军李异、刘阿部,占领秭归。为了防止曹魏乘机袭击,刘备派镇北将军黄权驻扎在长江北岸,又派侍中马良到武陵活动,争取当地部族首领沙摩柯起兵协同蜀汉大军作战。

孙权在面临蜀军战略进攻的情况下,奋起应战。他任命右护军、镇西将军陆逊为大都督,统率朱然、潘璋、韩当、徐盛、孙桓等部共5万人开赴前线,抵御蜀军;同时又遣使向曹丕称臣修好,以避免两线作战。

陆逊上任后,通过对双方兵力、士气以及地形诸条件的仔细分析,指出刘备兵势强大,居高守险,锐气正盛,求胜心切,吴军应暂时避开蜀军的锋芒,再等待时机破敌,耐心说服了吴军诸将放弃立即决战的要求。果断地实施战略退却,一直后撤到夷道(今湖北宜都)、猇亭(今湖北宜都北古老背)一线。然后在那里停止退却,转入防御,遏制蜀军继续进兵,并集中兵力,准备相机决战。这样,吴军完全退出了高山峻岭地带,把兵力难以展开的数百里长的山地留给了蜀军。

公元222年正月,蜀汉吴班、陈式的水军进入夷陵地区,屯兵长江两岸。2月,刘备亲率主力从秭归进抵猇亭,建立了大本营。这时,蜀军已深入吴境两三百公里,由于开始遭到吴军的强烈抵抗,其东进的势头停顿了下来。在吴军扼守要地、坚不出战的情况下,蜀军不得已在巫峡、建平至夷陵一线数百里地上设立了几十个营寨。为了引诱陆逊出战,刘备派先遣部督张南率部分兵力围攻驻守夷道的孙桓。孙桓是孙权的侄儿,所以吴军诸将纷纷要求出兵救援,但陆逊深知孙桓素得士众之心,夷道城坚粮足,坚决拒绝了分兵援助夷道的建议,避免了分散和过早地消耗兵力的行为。

从正月到6月,两军仍然相持不决。刘备为了迅速同吴军进行决战,曾频繁派人到阵前辱骂挑战,但是陆逊均不予理睬。后来刘备又派遣吴班率数千人在平地立营,另外又在山谷中埋伏了八千人马,企图引诱吴军出战,伺机加以聚歼。但是此计依然未能得逞。陆逊坚守不战,破坏了刘备企求速战速决的战略意图。蜀军将士逐渐斗志松懈,失去了主动的优势地位。

6月的江南,暑气逼人,蜀军将士不胜其苦。刘备无可奈何,只好将水军舍舟转移到陆地上,把军营设于深山密林里,依傍溪涧,屯兵休整,准备等待到秋后再发动进攻。由于蜀军是处于吴境两三百公里的崎岖山道上,远离后方,故后勤保障多有困难。加上刘备百里连营,兵力分散,从而为陆逊实施战略反击提供了可乘之机。

陆逊看到蜀军士气沮丧,放弃了水陆并进、夹击吴军的作战方针,认为战略反攻的时机已经成熟。为此他上书吴王孙权说:"交战之初,所顾虑的是蜀军水陆并进、夹江直下。

现在蜀军舍船登陆，处处结营，从其部署来看，不会有什么变化。这样就有了可乘之机，击破蜀军，当无困难。"孙权当即批准了陆逊这一由防御转入反攻的作战计划。

陆逊在进行大规模反攻的前夕，先派小部队进行了一次试探性的进攻。这次进攻虽未能奏效，但却让陆逊从中寻找到了破敌之法——火攻蜀军连营的作战方法。因为当时江南正是炎夏季节，气候闷热，而蜀军的营寨都是由木栅所筑成，其周围又全是树林、茅草，一旦起火，就会烧成一片。

决战开始后，陆逊即命令吴军士兵各拿一把茅草，乘夜突袭蜀军营寨，顺风放火。顿时火势猛烈，蜀军大乱。陆逊乘势发起反攻，迫使蜀军西退。吴将朱然率军5000首先突破蜀军前锋，猛插到蜀军的后部，切断了蜀军的退路。潘璋猛攻蜀军冯习，大破蜀营。诸葛瑾、骆统、周胤等配合陆逊的主力在猇亭向蜀军发起攻击。守御夷道的孙桓也主动出击、投入战斗。吴军进展顺利，很快就攻破蜀军营寨40余座，并且用水军截断了蜀军长江两岸的联系。蜀军将领张南、冯习及土著部族首领沙摩柯等阵亡，杜路、刘宁等卸甲投降。刘备见全线崩溃，逃往夷陵西北马鞍山，命蜀军环山据险自卫。陆逊集中兵力，四面围攻，又歼灭蜀军数万人。至此，蜀军溃不成军，大部死伤和逃散，车船和其他军用物资基本流失。刘备乘夜突围逃遁，行至石门山，被吴将孙桓追逼，几乎被擒，后卫将军傅彤等被杀。后依赖驿站人员焚烧溃兵所弃的装备堵塞山道，才得以摆脱追兵，逃入白帝城中。

这时，蜀军镇北将军黄权所部正在江北防御魏军。刘备败退后，黄权的归路为吴军所截断，不得已于8月率众向曹魏投降。

刘备逃到白帝城后，吴将潘璋、徐盛等人都主张乘胜追击，扩大战果。陆逊顾忌曹魏方面乘机浑水摸鱼、袭击后方，于是停止追击，主动撤兵。9月，曹魏果然攻吴，但因陆逊早有准备，魏军终于无功而返。次年4月，刘备恼羞于夷陵惨败，一病不起，死于白帝城。夷陵之战就这样结束了。

夷陵之战中，陆逊善于正确分析敌情，大胆后退诱敌，集中兵力，后发制人，击其疲惫，巧用火攻，终于用五万劣势的吴军一举击败兵力占有优势的蜀军，创造了由防御转入反攻的成功战例，体现了高超的指挥艺术和军事才能，不愧为一位杰出的军事统帅。至于刘备的失败，也不是偶然的。他"以怒兴师"，恃强冒进，犯了兵家之大忌。在具体作战指导上，他又不察地利，将军队带入难以展开的崎岖山道之中。同时在吴军的顽强抵御面前，又不知道及时改变作战部署，采取了错误的无重点处处结营的办法，终于陷入被动，导致悲惨的失败，自食"覆军杀将"的恶果，令人不胜感慨。

夷陵之战对于三国鼎立的局面也有很大的影响。对蜀汉来说，它大损国力，基本上毁灭了当年诸葛亮隆中对策时制定的宏伟战略蓝图。对东吴来说，虽然打赢了战争，但是却进一步损害了吴、蜀关系，从战略上看，也不无失策之处。

35. 刘裕灭南燕之战

东晋义熙五年（即南燕太上五年，公元409年）4月至次年2月,中军将军、录尚书事刘裕率领东晋军队攻占燕都广固(今山东益都西北),发动了灭亡南燕的战争。

东晋元兴三年(公元404年),刘裕率兵击败反晋称帝的桓玄,掌握了东晋的朝政。此后,南燕君主慕容超屡次派兵南下袭扰淮北,刘裕为维护东晋王朝的统治,率兵进攻南燕。

义熙五年4月,刘裕自建康(今南京)出发,率军乘船经淮水入泗水。5月,抵下邳(今江苏邳县西南),留下舰船和笨重的行李,步行到琅邪(今山东临沂北)。所经过的地方都修筑城池,留兵守卫,以防燕军袭击后方。这时有人劝刘裕不宜深入,认为燕王得到晋国大军远征的消息,一定会死守大岘(今山东沂山穆陵关)这一天险,或许可以坚壁清野的方法断绝晋军的粮草物资,所以此行难以成功,而且有全军覆没的危险。

刘裕认为:慕容超生性贪婪,无深谋远虑,一定不能守险清野。慕容超听说东晋军队将要到达,召集群臣商议。征房将军公孙五楼等极力主张遣兵固守地势险要的穆陵关,不和东晋军队速战,使东晋军队疲惫;然后选派2 000精骑兵沿海南行,切断他们运送粮草的道路;再以驻梁父(今徂徕山南）一带的军队，沿山东下，侧击晋军。慕容超认为燕国国富兵强，无须示弱，决定率领晋兵入岘，然后以优势骑兵迎战。于是，将莒县、梁父的守军撤回，修筑城池，整顿兵马，等待晋军到来。晋军不战而过大岘，刘裕十分高兴地说："军队已通过险境，将士一定有拼死一战的志向，粮食遍野，军队没有匮乏的担忧，此战必胜无疑。"6月，慕容超命公孙五楼等率步兵、骑兵5万进驻临朐（今属山东）；后来听说晋军入岘，又亲自率步兵、骑兵4万继后。临朐南有巨蔑水（今弥河），慕容超令公孙五楼等前往占领，控制水源。及至，为晋前锋孟龙符所败。晋军将战车4 000辆分为左右两翼，配以轻骑作为游军，乘胜前进，与燕军主力在临朐南激战很长一段时间，未分胜负。刘裕接受参军胡藩出奇制胜的建议，派遣胡藩等带兵潜行绕至燕军阵后，扬言由海道到此。慕容超大惊，晋军趁势攻占了临朐。

慕容超逃回广固，晋兵追赶到这儿，攻破外城。慕容超聚集众兵固守内城，先后派尚书郎张纲、尚书令韩范到后秦求援。刘裕督促士兵挖天堑三层，筑高三丈的长墙用来困燕军，同时安抚接纳投降的人。听说张纲善于制作攻打器具，7月，命人在途中截获，并让其绕城大呼："夏王赫连勃勃已破秦军，无兵救援，城中兵民惊恐！"当时江南每发兵北上增援，或派遣使者到达广固，刘裕都在夜间派兵前往迎接，天亮就张旗鸣鼓到达，用来表示援兵众多。执兵器背粮食归顺晋国的北方民众数以千计。慕容超等长久被围困，看见救兵没有希望，张纲被俘，于是请求议和，愿割大岘以南之地，称藩于晋，遭到拒绝。后秦主姚兴派使者向刘裕传话：

"秦已派遣铁骑10万在洛阳驻扎,如果晋军不撤退,就长驱而进。"刘裕识破他是虚声恐吓,便斥退秦国使者。为进一步瓦解南燕军心,刘裕在9月招降韩范,命令他环城而行,燕军更加沮丧。10月,张纲制成各种攻城器具,覆盖牛皮,使燕军的弓箭利石难以生效。元兴六年二月,刘裕监督众人四面急攻,燕尚书悦寿开城门迎接晋国军队。慕容超在突围时被俘虏,南燕灭亡。

此战,刘裕善于料敌,利用敌之失误,扬长避短,以战车阻燕军精骑;并将军事进攻与攻心相结合,稳扎稳打,掌握主动,终获全胜。

十一、九地篇

- 孙子名言 -

投之亡地然后存，陷之死地然后生。

- 名言解读 -

"投之亡地然后存，陷之死地然后生"，该句告诉人们：将士兵置身于危险重重的地方，才能转危为安；使士兵身陷于随时可能死亡的环境，才能起死回生。

- 经典案例 -

36. 曹操十面埋伏计

曹操在官渡之战中大败袁绍后，整顿军马，北渡黄河，直追袁绍。袁绍不甘心失败，为报仇雪耻，又纠集河北四州之兵，至仓亭扎下营寨，准备与曹操决一死战。袁、曹两军对抗，各布阵势，第一次交锋，曹军徐晃部将史涣就死在袁绍第三子袁尚的利箭之下。

曹操失去史涣一将，心中烦闷，说："像这样相互厮杀，何时是个尽头？"

谋士程昱献计说："秦末楚汉相争，高祖皇帝运用十面埋伏的计策，使项羽自刎身亡。我们何不效法？"

曹操说："请你详细讲一讲。"

程昱说："将我军退至黄河边上，背水为阵，伏兵十队，引诱袁绍逼赶我军。"

左右大惊道："像这样，我军难道不太危险了？"

程昱笑道:"兵法说,置之死地而后生。我军无退路,必须死战,就可稳胜袁绍。"

曹操采纳了程昱的计谋,将全军分列左右各五队。左列,一队夏侯惇,二队张辽,三队李典,四队乐进,五队夏侯渊;右列:一队曹洪,二队张郃,三队徐晃,四队于禁,五队高览。许褚为中军先锋。第二天,十队人马先行,埋伏在两侧。到了半夜,曹操同许褚率军前进,装着偷袭袁绍营寨的样子。

袁绍看见这样的情形,笑道:"曹操这下子要喂鱼了。"让五个营寨的人马全部出来,迎战许褚。许褚拨马撤退,袁绍驱军赶来,喊杀之声不断。等到天亮,袁绍将许褚逼到河边。曹军已无退路,曹操大喊:"前有追兵,后是绝境,大家为什么不决一死战?"曹军听后,一齐奋力向前冲杀。许褚一马当先,挥刀斩杀袁军十来个将领。

袁军大乱,只好撤退。退了一段路,几声"咚咚"战鼓响,左边夏侯渊、右边高览两支兵马冲出,袁绍带领三个儿子一个外甥,拼死命冲出一条血路。

又跑了十来里,左边乐进、右边于禁杀出,杀得袁军尸横遍野。又跑了数里,左边李典、右边徐晃两支人马截杀过来,袁绍父子胆战心惊,奔入寨门,命令军队埋锅造饭,正要吃时,左边张辽、右边张郃,径直前来冲寨。袁绍慌忙上马,率领残余部队奔向仓亭,人困马乏,正要休息。不料后面曹操率大军赶来,袁绍拼命逃离。正走间,右边曹洪、左边夏侯惇,挡住去路。袁绍大叫:"如果不拼死一战,我们都要给活捉了!"奋力冲杀一阵,侥幸逃出重围。

袁绍抱住儿子们大哭一场,长叹道:"我经历战事数十次,从没有像今天这样狼狈的!"说完,命令部将回各地整顿军务,自己带着袁尚到冀州养病去了。

37. 李愬夜袭蔡州之战

李愬雪夜袭取蔡州,擒获吴元济的战役,是奇袭战的典型战例之一。

唐宪宗元和九年(814年)闰八月,彰义军(淮西)节度使吴少阳死了。其子吴元济隐瞒少阳死亡的消息,径自接掌军务,拥兵自立。淮西一镇仅有蔡(今河南汝

南)、申(今河南信阳)、光(今河南潢川)区区三州之地,周围都是唐朝州县,势孤力单。10月,一向有志于削平藩镇的唐宪宗以严绶为蔡、申、光招抚使,决定对淮西用兵,讨伐吴元济。

元和十年(815年),吴元济在唐军的四面围攻下负隅顽抗,并派人向成德王承宗、淄青李师道求援。王、李一面上表请求赦免吴元济,一面出兵策应淮西,派人烧毁朝廷储藏的钱帛粮草,刺杀力主讨伐的宰相武元衡。宪宗不为其所动,提拔主张用兵的裴度为宰相,让他主持征讨,并以韩弘取代作战一年、无功可言的严绶。同时,又将刺杀武元衡之罪归之于王承宗,下令对成德用兵。

元和十一年(816年),唐军进攻成德。各路唐军因缺乏

最高统帅，难以协调行动，被王承宗逐一击破。淮西战区的唐军因主帅韩弘养寇自重，只能各自为战。东路唐军击败淮西军，攻占鳌山（今河南丘东）。北路唐军连败淮西军。南路唐军亦攻破申州外城。西路唐军先败淮西军于朗山（今河南确山），但随即大败于铁城（今河南遂平西南）。但宪宗决意继续用兵，并以名将李晟之子太子詹事李愬为西路唐军统帅。

元和十二年（817年），讨伐淮西的战事进入了关键的一年。5月，宪宗下令停止对成德用兵，决心集中力量，先平定淮西。这时，北路李光颜率河阳、宣武、魏博、河东、忠武诸镇唐军渡过溵水，进至郾城，击败淮西兵3万，歼灭十分之二三。郾城之战让董昌龄、守将邓怀金率领全城投降唐朝。吴元济得知郾城失守，十分恐慌，将亲兵及蔡州守军全部调往北线，以增援董重质防守的洄曲。淮西军的主力和精锐都被吸引到了北线。这就为西路唐军奇袭蔡州创造了条件。

这一年6月，吴元济见部下多投降唐朝，兵势不振，上表请罪，声称愿束身归朝。宪宗派中使赐下诏书，允许免其死罪。但吴被其左右及大将董重质所挟制，无法归朝。淮西已到了穷途末路、指日可下的地步。

7月，唐宪宗因对淮西用兵4年，民力困乏，深以为患，遂任命主战最力的裴度兼领彰义军节度使、淮西宣慰招讨使，赴前线督战。

8月，裴度到达郾城后，上表说诸道都有宦官监阵，将士进退均取决于中使。胜则被其冒功，败则被其凌辱，将士谁也不愿出力奋战。宪宗准其所奏，诸道监阵中使全部离开。诸将始得松开被缚拳脚，战多有功。李愬因此也就得以不受阻拦地发挥其才能。

李愬抵达唐州（今河南泌阳）后，采取了种种措施，为奇袭的成功奠定了基础。

首先，他一经抵达，即亲自巡视慰问将士，体恤安抚伤病员，以稳定军心。同时，又有意示弱，故作柔弱懈惰，忍受战败之耻，以麻痹敌军。淮西军因屡败西路唐军，见李愬名位卑微，行事又如此不堪，于是掉以轻心，对西路唐军不再严加防范。

其次，为增强西线的军事力量，完成奇袭计划，李愬又上表奏请朝廷，调来昭义、河中、鄜坊士兵步骑2 000人。

再次，为争取淮西民心，孤立吴元济，李愬还利用淮西连年用兵，农业生产荒废，仓库空虚，民多无食，纷纷逃往唐军控制区的机会，设县安置淮西百姓5 000余户，为其择县令，责成其妥善照顾，并派兵予以保护。

第四，为动摇、瓦解淮西军的士气，争取淮西将士为己所用，李愬还采取了优待俘虏、大胆重用降将的政策。他在俘获淮西大将丁士良后，不仅未加杀戮，反而封他官职。丁士良感激之余，献计擒获文城栅（今河南遂平西南）吴秀琳部谋主陈光洽，招降吴秀琳部3 000人。西路唐军因此士气高涨，连下多城，淮西将士降者络绎于道。李愬谋取蔡州，问计于吴秀琳。吴秀琳以为欲攻取蔡州，非李祐不可。李愬设计生擒李祐，免其一死，并委任他为自己牙队的将领——六院兵马使。李祐被李愬的信任和重用所感动，尽心设法为奇袭蔡州出谋划策。李愬在优待被俘的淮西将士及其家属的同时，十分注意询问有关淮西的内情。他还废除了藏匿淮西间谍者满门抄斩的旧命令，优待被捕的间谍，其结果是使敌方间谍尽吐实情，反为李愬所用。这样，李愬很快摸透了敌方的险易、远近和虚实，为避实击虚，奇袭蔡州的成功奠定了基础。

最后，为扫除外围，孤立蔡州，建立接近蔡州的奇袭基地，李愬先后出兵攻取蔡州以西和西北的文城栅、马鞍山、路口栅、嵖岈山、冶炉城和西平等据点，与北线郾城一带的唐军兵势相接，连成一气。他还遣将攻克蔡州以南和西南的白狗、汶港和楚城诸城栅，切断了蔡州与申、光二州的联系。李愬军的主力进驻距蔡州仅65公里的文城栅。

9月，李祐见奇袭的条件已经成熟，向李愬进言说，淮西精兵都在洄曲和边境，守卫蔡州的全是老弱，可以乘虚直捣其城，出其不意，一举擒拿吴元济。李愬也认为如此，于是派人将奇袭计划秘密呈报裴度。裴度十分赞赏，同意出兵。

10月10日，李愬利用风雪交加，敌军放松警戒，利于奇袭的天气，命史旻留镇文城，命李祐等率训练有素的敢死队3 000人为前锋，自己与监军将3 000人为中军，命李进城率3 000人断后。军队的行动十分秘密，除个别将领外，全军上下均不知行军的目的地和部队的任务。李愬只下令说向东，东行30公里后，唐军在夜间抵达张柴村，趁守军不备，歼灭包括负责烽火报警士兵在内的守军。待全军稍事休整后，李愬留500人守城栅，防备朗山方向之敌，另以500

人切断通往洄曲和其他方向的桥梁，并下令全军立即开拔。诸将问军队开往何处，李愬才宣布说，入蔡州直取吴元济。诸将听说都大惊失色，但军令如山，众将只得率部向东南方向急进。

此时夜深天寒，风雪大作，旌旗也被风撕裂，沿路都可以看见冻死的士兵和马匹。张柴村以东的道路，唐军无人认识，人人自以为必死无疑，但众人都畏惧李愬，无人敢违反命令。夜半，雪愈下愈大，唐军强行军35公里，终于抵达蔡州。

近城处有鸡鸭池，李愬命令士兵打鸡鸭以掩盖行军声。自从吴少诚抗拒朝命，唐军已有30余年未到蔡州城下，所以蔡州人毫无戒备，未发现唐军的行动。四更时，李愬军到达蔡州城下，守城者仍未发觉。李祐、李忠义在城墙上掘土为坎，身先士卒，登上外城城头，杀死熟睡中的守门士卒，只留下巡夜者，让他们照常击柝报更，以免惊动敌人。李祐等既已得手，便打开城门，迎接大唐军队。接着，又依法袭取内城。鸡鸣时分，雪渐止，李愬进入吴元济外宅。这时，有人觉察情形有异，急告吴元济说，官军来了。吴元济高卧未起，笑着回答说，俘囚作乱，天亮后当杀尽这些家伙。接着，又有人报告说，城已陷。元济仍漫不经心地说，这一定是洄曲守军的子弟向我索求寒衣。起床后，吴元济听到唐军传令，响应者近万人，才有害怕之意，率左右登牙城抗敌。

李愬入城后，一面派人进攻牙城，一面厚抚董重质的家属，派遣其子前往招降。董重质单枪匹马到李愬军前投降，吴元济丧失了洄曲守军回援的希望。

12日，唐军再次攻打牙城，蔡州百姓争先恐后地负柴草助唐军焚烧牙城南门。黄昏时分，城门坏，吴元济投降。申、光二州及诸镇兵2万余人亦相继投降大唐，淮西战乱平息。

　　李愬奇袭的成功并非出于偶然。就主观而言，李愬治军有方，奉己俭约，待将士丰厚，能得士心；又明于知人，敢于重用降将，能得敌情；他见可能断，敢于抓住蔡州空虚的时机，实施奇袭；又长于谋略，善于麻痹敌方，瓦解其民心和士气。这些，都使他能利用风雪阴霾、烽火不接的天气，孤军深入，置全军于死地而后取得奇袭的胜利。从客观来说，唐宪宗和裴度始终未改平定淮西的决心，又能集中力量对吴元济用兵，甚至撤去监阵中使，而北线唐军则牵制、吸引了淮西的主力，这都为奇袭的胜利创造了有利的条件。

十二、火攻篇

― 孙子名言 ―

凡火攻，必因五火之变而应之。火发于内，则早应之于外。火发兵静者，待而勿攻，极其火力，可从而从之，不可从而止。

― 名言解读 ―

孙子说：凡用火攻，必须根据五种火攻所引起的不同变化，灵活机动部署兵力策应。在敌营内部放火，就要及时派兵从外面策应。火已烧起而敌军依然保持镇静，就应持重等待，不可立即发起进攻，等待火势旺盛后，再根据情况做出决定，可以进攻就进攻，不可进攻就停止。

― 经典案例 ―

38. 火烧赤壁

公元208年7月—12月，三国形成时期，孙权、刘备联军在长江赤壁（今湖北蒲圻西北，一说今嘉鱼东北）一带火烧赤壁，大败曹操军队，奠定三国鼎立的基础。

曹操基本统一北方后，做玄武池训练水兵，并对可能动乱的关中地区采取措施，随即于建安十三年出兵十多万南征

荆州（约今湖北、湖南一带），欲一统南北。此时，孙权已自江东统军攻克夏口（今武汉境内），打开了西入荆州的门户，正准备吞并荆、益州（成都），再向北发展。而依附于荆州牧刘表的刘备，"三顾茅庐"得诸葛亮为谋士，以其隆中对策，制定先占荆、益二州，联合孙权，进攻中原的策略，并在樊城大练水陆军。曹操军队兼具疲劳、水土不服、短于水战、战马又无粮草等弱点，坚定了孙权抗曹的决心。孙权不顾主降派张昭等反对，命周瑜为大都督，程普为副都督，鲁肃为赞军校尉，率3万精锐水兵，与刘备合军共约5万，逆江水而上，进驻夏口。

曹操乘胜取江陵后，又以刘表大将文聘为江夏太守，仍统本部兵，镇守汉川（今江汉平原）。益州牧刘璋也遣兵给曹操补军，开始向朝廷交纳贡赋。曹操更加骄傲轻敌，不听谋臣贾诩暂缓东下的劝告，送信恐吓孙权，声称要决战吴地。到了冬天，曹操亲自统军顺长江水陆并进。

孙刘联军在夏口部署后，逆江水而上迎击曹军，在赤壁相遇。曹操的步兵和骑兵面对大江，失去威势，新改编及荆州新附水兵，战斗力差，又逢疾病流行，以致初战失利，慌忙退向北岸。曹军在乌林（今湖北洪湖境）驻扎军队，与联军隔江对抗。

曹操下令将战船相连，减弱了风浪颠簸，利于北方籍兵士上船，想加紧演练，待机攻战。周瑜认为敌众我寡，长久坚持对己不利，决意寻机速战。部将黄盖针对曹军"连环船"的弱点，建议火攻，得到赞许。黄盖立即遣人送假投降书给曹操，随后带船数十艘出发，前面10艘满载浸油的干柴草，以布遮掩，插上与曹操约定的旗号，并系轻快小艇于船后，顺东南风驶向乌林。接近对岸时，戒备松懈的曹军皆争相观看黄盖来降。此时，黄盖下令点燃柴草，各自换乘小船退走。火船乘风闯入曹军船阵，顿时一片火海，迅速延及岸边营寨。联军乘势攻击，曹军伤亡惨重。曹操深知已不能挽回败局，下令烧毁剩余船只，带领军队退走。

联军水陆并进，追击曹军。曹操带领军队离开江岸，取捷直接往江陵，经华容道（今潜江南）遇泥泞，垫草让骑兵经过，得以脱逃。曹操留曹仁守江陵，满宠驻扎当阳，自己返回北方。

周瑜等与曹仁隔江对望，并派遣甘宁攻夷陵（今宜昌境）、曹仁分兵围困甘宁。周瑜率军前往救援，大破曹军，后来返回军队渡江驻扎北岸，继续与曹仁对抗。刘备从江陵回师夏口后，想通过汉水迂回到曹仁后方。曹仁自知再难相持，第二年被迫撤退。

赤壁之战，曹操自负轻敌，指挥失误，加之水军不强，终致战败。孙权、刘备在强敌面前，冷静分析形势，结盟抗战，扬水战之长，巧用火攻，创造了中国军事史上以弱胜强的著名战例。

孙子名言

故曰：明主虑之，良将修之。非利不动，非得不用，非危不战。主不可怒而兴师，将不可以愠而致战。合于利而动，不合于利而止。

- 名言解读 -

故曰：明主虑之，良将修之。非利不动，非得不用，非危不战。主不可怒而兴师，将不可以愠而致战。合于利而动，不合于利而止。孙子这段话告诉我们：明智的国君要慎重地考虑这个问题，贤良的将帅要严肃地对待这个问题。没有好处不要行动，没有取胜的把握不要用兵，不到危急关头不要开战。国君不可因一时的愤怒而发动战争，将帅不可因一时的不满而出阵求战。符合国家利益的才能用兵，不符合国家利益的则要停止。

- 经典案例 -

39. 诸葛亮火烧藤甲兵

却说败残的蛮兵有千余人，大半中伤而逃，正遇上蛮王孟获。孟获收编了败兵，心中稍稍有点喜悦。然后和带来洞主商议说："我曾经的洞府已被蜀兵所占，现在在哪个地方安身呢？"带来洞主说："只有一个地方可以安身大破蜀军。"孟获高兴地说："哪个地方呢？"带来洞主说："距离此地东南七百里的地方，有一个名叫乌戈国的国家。国主兀突骨，身高一丈二，不吃五谷杂粮，以生蛇恶兽为饭；身上有鳞甲，刀箭不能刺伤他。其手下的士兵，都穿藤甲；这种藤生长在山涧之中，缠绕在石壁之上；该国的人把它割下来，放在油中浸泡，半年之后才取出晾晒；晒干后又浸泡，这样重复十多遍，这才制成铠甲；穿在身上，渡江不会下沉，经过水淋不湿，刀箭都不能刺穿，因此号为藤甲军。现在大王可前往求之。若得到他们的相助，擒诸葛亮就像利刀破竹一样。"

孟获十分高兴，于是投奔乌戈国，求见国君兀突骨。他的洞府没有宫殿和高大的房屋，居住在土穴之内。孟获进入洞府，两次跪拜，把自己的意图告诉了兀突骨。兀突骨说："我调动我国的兵力，给你报仇。"孟获高兴地又一次拜谢。于是，兀突骨率领两个领兵队长：一名土安，一名奚泥，调集三万士兵，都身穿藤甲，离开乌戈国向东北而来。行走到一个名叫桃花水的地方，河流两岸有桃树，多年来落叶飘落在水中，如果其他国家的人饮用这里的水都会死掉，只有乌戈国的人饮用，会倍添精神。兀突骨的士兵来到桃花渡口下寨，以等待蜀国军队的到来。

再说诸葛孔明令蛮人的间谍打探孟获的消息，探子回来报告说："孟获请乌戈国主，率领三万藤甲军，现在驻扎在桃花渡口。孟获又在各地聚集蛮兵，合力和我军对抗。"诸葛孔明听了这番话后，调动兵力大步前进，直到桃花渡口。隔桃花水向对面就能望见蛮兵，不像人的形貌，很是丑陋；又询问当地人，都说今天桃叶正在飘落，河水不能饮用。诸葛孔明命后退五里安营扎寨，留魏延守寨。

第二天，乌戈国主率一列藤甲军过河来，金鼓大震，魏延带兵出营迎战。蛮兵卷地而来,蜀兵用弩箭射到藤甲之上,都不能穿透,全部落在地上;刀砍枪刺,也不能进入蛮兵身体。蛮兵都是用利刀钢叉,蜀兵如何能够抵挡,只能节节败退,蛮兵们没有追赶就返回了。魏延又转回来,赶到桃花渡口,只见蛮兵带甲渡水而去;其中有困乏的人,将甲脱下,放在水面,用身体坐在上面渡河。魏延急忙赶回营寨,来向孔明报告情况,仔细说明这件事。孔明向吕凯询问。吕凯说:"我一直听说南蛮中有一个乌戈国,没有人能和他们相比。更有藤甲保护身体,很难伤到他们。又有桃叶怪水,本国人饮用,反添精神;别国人饮用就会死。如此蛮方,即使全胜,有什么好处呢?不如早些带领军队返回。"

　　孔明笑着说:"我好不容易到达这里,难道就这样回去!我明天自有平定蛮兵的计策。"于是命令赵云帮助魏延守寨,暂且休息,不轻易出去。第二天,孔明让当地人带路,自乘小车到桃花渡口北岸山偏僻去处,遍观地理形势。山险岭峻的地方,车不能行,孔明弃车步行。忽到一山,望见一山谷,形如长蛇,都是光峭石壁,并无树木,中间一条大路。孔明问当地人道:"此谷叫什么名字?"

　　当地人回答说:"此处名叫盘蛇谷。走出山谷就是三江城大路,谷前名叫塔郎甸。"孔明高兴地说:"这真是天赐我在此成功啊!"于是又按原路返回,上车归寨,唤马岱吩咐说:"给你黑油柜车十辆,须用竹竿千条,柜内之物,如是陈列。可将本部兵去把住盘蛇谷两头,依法而行。给你半月期限,一切完备。到了时候如此这般。如果走漏风声,定按军法处置。"马岱接受计谋而去。孔明又唤赵云吩咐说:"你去盘蛇谷后，三江大路口要如此把守。所用的物资，抓紧时间准备。"赵云接受计谋而去。孔明又请来魏延吩咐说："你带领本部兵去桃花渡口下寨。如蛮兵渡水来进犯，你便舍弃营寨，向白旗处前进。在半个月内，必须连输十五阵，弃七个营寨。若输十四阵，也不要来见我。"魏延领命，心中很不乐地离开了。孔明又唤张翼另外带领一路军队，依照所指的地点，筑立营寨去了；并且命令张嶷、马忠带领本洞所降千人，按此计行事。

话说孟获对乌戈国主兀突骨说："诸葛亮多有巧计，只是埋伏。今后交战，吩咐三军：只要山谷之中，林木多处，不可轻易前进。"兀突骨说："大王说得有理。我已知道中原人多行诡计。今后依你的话去做。我在前面厮杀，你在背后提醒。"

两人商议刚刚结束，忽然有探子来报告说蜀兵在桃花渡口北岸立起营寨。兀突骨就命二俘长引藤甲军渡河与蜀兵交战。不几个回合，魏延败走。蛮兵怕有埋伏，未去追赶就自己回来了。第二天，魏延又去建立营寨。蛮兵探子知道后，又带领军队渡过河来交战。魏延出队迎战，不几个回合，魏延败逃。蛮兵追杀十余里，见四下并无动静，便在蜀国营寨中驻扎下来。第二天，二俘长请兀突骨到寨，说到这件事。兀突骨就带领军队大步前进，追赶魏延军队。魏延军队都弃甲抛戈而走，只见前有白旗。魏延带领败兵，急奔到白旗处，早有一营寨在此，就让手下在寨中屯住。兀突骨带领骑兵追至，魏延又引兵弃寨而走，蛮兵得了蜀寨。第二天，又往前追杀。魏延回兵交战，不过三个回合又失败了，只是看见白旗处就奔过去,又有一寨,魏延就在营寨住了一宿。第二天,蛮兵又至。延略战罢又走,蛮兵又占了蜀寨。

话不多诉,魏延且战且走,已败了十五阵,连弃七个营寨。蛮兵大步前进追杀,兀突骨亲自在军前破敌,在路上只要看见林木茂盛之处,便不敢进,派人远望,果见树荫之中,旌旗招展。兀突骨告诉孟获说:"果不出大王所料。"孟获大笑说:"诸葛亮现在被我识破!大王连日胜了他十五阵,夺了七个营寨,蜀兵望风而逃。诸葛亮已无妙计,看来,只要再前进一步,大功就告成了!"

兀突骨十分高兴,于是不把蜀兵放在心上。到了第十六天,魏延率领残兵败将,来与藤甲军对敌,兀突骨骑象当先,头戴日月狼须帽,身披金珠缨络,两肋下露出生鳞甲,眼睛中微有光芒,手指魏延大骂,但魏延拨马便走。后面蛮兵大步向前追赶。魏延率领军队转过了盘蛇谷,远望白旗奔去。兀突骨统领大军,随后追杀。

兀突骨望见山上并无草木,料定没有埋伏,便放心追杀。赶到谷中,见数十辆黑油柜车在路上。蛮兵报告说:"这是蜀兵运粮道路,因大王追兵到来,扔下粮车逃跑了。"兀突骨十分兴奋,催促士兵追赶。刚出山谷口,不见了蜀兵,只见横木乱石滚下,挡住谷口。

兀突骨命令士兵开路前进,忽见前面大小车辆,装载干柴,全都燃起熊熊大火。兀突骨匆忙教士兵后退,只闻后军报告说谷口已被干柴切断,车中原来都是火药,一齐烧着了。兀突骨看见没有草木,内心并不惊慌,下令寻路突围。只见山上两边乱丢火把,火把所到之处,地中药线都被点着,满地飞起铁炮。满谷中火光乱舞,只要碰见藤甲,没有不燃烧的。大火将兀突骨和三万藤甲军烧得四处逃窜,死在盘蛇谷中。

孔明在山上往下看时,只见蛮兵被火烧得伸拳舒腿,大半被铁炮打得头脸粉碎,都死在谷中,臭不可闻。孔明垂泪叹息说:"我虽有功于蜀国,一定会短寿啊!"左右的将士,没有一个不感叹的。

40. 陈友谅大战鄱阳湖

元朝末年,群雄并起,争夺天下,各路有势力的军队互相吞并,最后只剩下两支势均力敌的部队:一支是以陈友谅为首的队伍,占据着以江州(九江)为中心的湖广、江西等广大区域,国号大汉;另一支是以朱元璋为首的部队,占据着以集庆(今南京)为中心的江苏、安徽一带的广大地域,国号西吴。

两支队伍为了争夺天下,在长江中下游多次进行过交战。

元代至正二十四年(公元1364年)4月1日,陈友谅亲率60万人马乘坐大船围攻洪都(南昌),朱元璋亲率20万军队前来解围。陈友谅调转船头迎战朱元璋,两军相遇于鄱阳湖上的康郎山,一场苦战悄然而至。

两军兵力悬殊。陈友谅兵多船大,他指挥的5 000艘船只巨大无比,船楼分上中下三层,中间置走马棚,船楼上下的人说话互相听不见,每层船楼有无数房舱,如同大厅。船身用铁皮包裹,红漆涂饰,远远看去,犹如一片红色的城郭。朱元璋不仅人马少了40万,而且战船多是小舢板,声势不够壮大。

朱元璋率领军队在康郎山驻扎已毕,亲自率诸将观察敌阵,见陈友谅战舰首尾衔接,桅樯林立,冷笑一声说:"陈友谅在军事上犯了一个大错误,当年曹操在赤壁就吃了这个大亏,你们看,他们战舰首尾相接,我若用火攻,顷刻之间,叫他们化为一片火海。"众将都说主公言之有理。

第二天,朱元璋将队伍分成11支小分队,每船满载火器弓箭,向三江口的汉军发起攻击。朱元璋在这里也有失误,当时正是酷暑七月,风平浪息,如用火攻,没有风助火威,不能发挥火攻的作用。况且汉军战舰在山西南,须得东北风相助才能奏效,诸葛亮不能再世,此时哪来东北风呢?果然,开战以后,两军交杂在一起,不但火攻发挥不了作用,而且朱元璋的军队因船小,一直处于被动挨打的局面。特别是朱元璋乘坐的指挥船比一般战舰要大,白色桅杆非常醒目,陈友谅的大将张定边率船队专攻这艘指挥船。汉军鼓噪呐喊:"乘白桅船的是朱元璋呀!别跑了朱和尚!"这一喊,汉军的大小船只将朱元璋指挥的小分队围个水泄不通。大将常遇春、俞通海等人率领的船队也被汉军冲散了。朱元璋身边只有左副指挥韩成和一些谋士及少量将士。

韩成当机立断,下令分队各船,将备用的石灰包打开,用水调和,将各船桅杆统纫刷白,白杆林立,分散了汉军的注意力,两军混战一阵。汉军又一阵呐喊:"穿红袍的是朱元璋,别跑了朱和尚!"汉军的船只又向朱元璋乘坐的指挥船围拢。

此时,朱元璋乘坐的指挥船被激浪推上了浅滩,无法开动,兵士下船,手推肩扛,无奈船体太大,推拉不动,眼看汉军又要冲杀上来。朱元璋仰天长叹:"真是天亡我呀!"话音刚落,韩成将朱元璋拖进船舱,扒下红袍,穿在自己身上,向朱元璋拱手道:"主公保重,韩成我去了!"韩成威风凛凛站在船头,将陈友谅臭骂了一顿,投水而死。这时,汉军一片欢腾:"朱和尚死了,我们胜利了!"

汉军大将张定边正在船头洋洋得意,不料吴军大将常遇春从右边杀上前来,一箭将他射伤。主将受伤,汉军纷纷溃退,直到朱元璋重新站在船头指挥时,汉军才知刚才跳下去的是替死鬼。

尽管各个将领拼死保住了朱元璋一条命,但吴军死伤惨重。仅将官就死了30多人。他登基以后,在康郎山建忠臣庙,塑供36位将军神像。市郊新港乡就有韩成庙,供韩成像,地方官府春秋二祭,此是后话不提。

朱元璋退回康郎山后,汉军尾随其后弃舟登山,像潮水般涌上山来,准备活捉朱元璋。此时,朱元璋已脱下红袍,换上绿袍。汉军中又一阵呐喊:"穿绿袍的是朱元璋,别跑了朱和尚。"

时值黄昏,朱元璋精疲力竭,躺在一棵古槐树下喘息。汉军的弓箭飕飕地从他耳边射过。他迅速把绿袍脱下,披在槐树上,身穿卒服,混在乱军中逃命。第二天,陈友谅派人到槐树下，收拾朱元璋的尸首，只见一件绿袍被无数只箭钉在古槐上。陈友谅命士兵将古槐砍去一截，以泄愤恨。朱元璋登基后则封这棵救命槐为"将军槐"，民间称为"槐树将军"。

第二天，朱元璋又出现在指挥船上，陈友谅大吃一惊，不仅朱元璋未死，反伤了大将张定边，不禁长叹一声："常遇春一出，我军将领没有能与之相敌的！"他的胞弟陈友仁大叫说："哥哥，不要长他人志气，灭自己威风，待小弟将常遇春捉来献大哥！"

陈友仁亲自指挥五百只巨舰围攻常遇春。常遇春将船队化整为零，分头进击，并派20名敢死队分乘七只小船，船内装满硫磺、火药、船头尾置数位身戴盔甲的稻草人，快速向陈友仁船队推进。陈友仁的战舰太大，又以铁索相连，加之时值秋季，湖水落浅，洲滩众多，尾大不好掉头，行动不便，貌似强大，实际处于被动挨打地位。当常遇春派出的七只小船向汉军战舰推进时，汉军箭如飞蝗，稻草人安然不动，待小船靠近巨舰时，20名敢死队员潜出水面，跳进船舱，将点燃的火把和硫磺、火药向巨舰抛投而去，霎时，陈友仁巨舰连成了一片火海。常遇春率军冲杀过去，汉军被烧死淹死的不计其数。陈友仁也被活活烧死，半个鄱阳湖都被血水染红。

船被烧毁，弟弟身亡，陈友谅不胜悲痛，退保康山，坚守不出。忽然来报吴军行枢密院同知丁普郎带领随从来降。这个丁普郎原是陈友谅的部将，1360年朱元璋进军江州路过小孤山时，他投奔朱元璋，参加了鄱阳湖大战。陈友谅怒道："反复无常之人，要他何用，将他射死。"张定边劝道："问明情况再杀不迟。"丁普郎进帐叩头说："臣死不足惜，有紧急军情请陛下提防。水域天堑，硬攻不入，今夜常遇春将由梅溪嘴登陆，从后边劫寨。"陈友谅半信半疑，亲自部署兵力，向梅溪嘴包抄。二更时分，湖州苇丛中人影绰绰，鼓声大作，似有伏军。汉军一阵呐喊杀将过去，苇中却无一人，只有几十面旗帜在苇中飘扬，陈友谅发觉中了疑兵计，正要退兵，忽然后营起火，朱元璋大队人马从矶山杀来，陈友谅又一次损兵折将，大伤元气。

次日，朱元璋指挥舰队强攻康山水寨，7只熊熊燃烧的船只像游龙般向汉军巨舰冲去，当火药船接近陈友谅的船队时，风助火威，火仗风势，烈焰腾空，湖水尽被染红。陈友谅的巨舰成了一片火海，60万人马损失大半，不得不由康山退守鞋山，又因缺少粮草，准备回到武昌，整顿人马，伺机再战。当陈友谅率领残兵败将行至安徽省宿松县的江口，见追兵渐远，不禁长呼一口气说："刘基这牛鼻子老道倘若在此伏下一支队伍，我们就完蛋了。"话未说完，一声炮响，从芦苇丛中驶出两只船队，朱元璋的两位部将郭英和廖永忠已持枪挺立船头。已成惊弓之鸟的陈友谅此时吓出一身冷汗，暗暗叫苦："天亡我也！"当他从船舱内伸出头来准备指挥百十号船突围时，一支硬箭从他的左眼穿进，一直贯穿脑颅，当场毙命。张定边拼死护着陈友谅的尸体和陈友谅的次子陈理，突破重围，逃往武昌。至此，相持两个多月的鄱阳湖水战，以汉军60万人马全军覆没，陈友谅中箭身亡而告终。

公元1368年,朱元璋在南京建立了大明王朝,为了宣扬自己是真命天子,诸神相助,他在庐山建立了御碑亭、访仙亭,重建了天池寺,编造了周颠随军相助于海口、赤脚僧人送药至南京等神话传说。

41. 火烧连营七百里

曹丕称帝的消息传到蜀汉,一时传说纷纷,说汉献帝已经被曹丕杀了。汉中王刘备还真的为献帝举行了葬礼。大臣们认为既然汉献帝已经死去,刘备是汉家皇室后代,理应接替皇位。公元221年,汉中王正式在成都登上皇位,就是汉昭烈帝。因为他统治的地区在蜀(今四川、云南大部,贵州全部,陕西、甘肃一部分),历史上称为蜀汉或者蜀国。

刘备对东吴占领荆州,关羽被杀这件事,一直是十分痛心的。他即位之后,第一件要紧的事就是进攻东吴,报仇雪耻。

大将赵云说,阴谋夺取皇位的是曹丕,不是孙权。如果能灭掉曹魏,东吴自然就会屈服,不该放了曹魏去攻打东吴。

别的大臣劝阻的也不少,但是刘备说什么也听不进去。他把诸葛亮留在成都辅佐太子刘禅,亲自率领大军去征伐东吴。刘备一面准备出兵,一面通知张飞到江州(今重庆)会师。还没有等刘备出兵,张飞的部将叛变,杀死张飞投奔东吴。刘备一下子丧失两员猛将,力量大大削弱,但他急于报仇,已经没有心情冷静思考了。

警报传到了东吴,孙权听说刘备这次出兵声势很大,也有些害怕,派人向刘备求和,但是遭到刘备的拒绝。

没过几天，蜀汉人马已经攻下巫县（今四川巫中县北），一直打到秭归（在湖北省西部，秭音 zǐ）。孙权知道讲和已经没有希望，就派陆逊为大都督，带领五万人马去抵抗。

刘备出兵没几个月，就攻占了东吴的五六百里土地。他从秭归出发，急于向东继续进军。随军官员黄权拦住他说："东吴人打仗向来很勇猛，千万别小看他们。我们水军顺流而下，前进容易，要退兵可就难了。还是让我当先锋，在前面开路，陛下在后面接应，这样比较稳妥。"

刘备心急如焚，哪儿肯听黄权的话。他要黄权守住江北，防备魏兵；自己率主力沿着长江南岸，翻山越岭一直进军到了猇亭（今湖北宜都西北，猇音 xiāo）。

东吴将士看到蜀军得寸进尺，步步紧逼，都摩拳擦掌，想和蜀军大战一场。可是大都督陆逊却不同意。

陆逊说："这次刘备带领大军东征，士气旺盛，战斗力强。再说他们在上游，占领险要地方，我们不容易攻破他。要是跟他们硬拼，万一失利，丢了人马，这是非同小可的事。我们还是积蓄力量，考虑战略部署。等日子一久，他们疲劳了，我们再找机会出击。"

陆逊部下的将军，有的还是孙策手下的老将，有的是孙氏贵族，对孙权派年轻的书生陆逊当都督，本来已经不大服气。现在听到陆逊不同意他们出战，认为陆逊胆小怕事，更不满意，背地里有点愤愤不平。

蜀军从巫县到彝陵（今湖北宜昌东）沿路扎下了几十个大营，又用树木编成栅栏，把大营连成一片，前前后后长达七百里地。刘备以为这样好比布下天罗地网，只等东吴人来攻,就能把他们消灭。

但是陆逊一直按兵不动。从这年(公元222年)的1月到6月,双方相持了半年之久。刘备等急了,派将军吴班带了几千人从山上下来,在平地上扎营,向吴兵挑战。东吴的将军,耐不住性子,要求马上出击。

陆逊笑笑说:"我观察过地形,蜀兵在平地里扎营的兵士虽然少,可是周围山谷一定有伏兵。他们大声嚷嚷引我们打,我们可不能上他们的当。"

将士们还是不相信。过了几天,刘备看见东吴兵不肯交战,知道陆逊识破他的计策,就把原来埋伏的八千蜀军陆续从山谷中撤出来。东吴将士这才知道陆逊说得没错。

一天,陆逊突然召集将士们,宣布要向蜀军进攻。将士们说:"要打刘备,早该动手了。现在让他进来了五六百里地,主要的关口要道,都让他占了。我们打过去,不会有好处。"

陆逊向他们解释说:"刘备刚来的时候,士气旺盛,我们是不能轻易取胜的。现在,他们在这儿呆了这多日子,一直占不到便宜,兵士们已经很疲劳了。我们要打胜仗,是时候了。"

他派了一小部分兵力先去攻击蜀军的一个营,刚刚靠近蜀营的木栅栏,蜀兵从左右两旁冲出来厮杀。接着,附近的几个连营里的兵士也出来增援。东吴兵抵挡不住,赶快后退,已经损失不少人马。将军们抱怨陆逊,陆逊说:"这是我试探一下他们的虚实,现在我已经有了破蜀营的办法了。"

当天晚上,陆逊命令将士每人各带一束茅草和火种,预先埋伏在南岸的密林里,只等三更时候,就直奔江边,火烧刘备连营。

到了三更,东吴四员大将率领几万兵士,冲近蜀营,用茅草点起火把,在蜀营的木栅栏边放起火来。那天晚上,风刮得很大,蜀军的营寨都是连在一起的,点着了一个营,附近的营也就一起燃烧起来。一下子就攻破了刘备的四十多个大营。

等到刘备发现火起,已经无法抵抗。在蜀兵将士的保护下,刘备总算冲出了火网,逃上了马鞍山。

陆逊命令各路吴军,围住马鞍山发起猛攻,留在马鞍山上的上万名蜀军一下子全部溃散了,死伤不计其数。一直战斗到夜里,刘备才带着残兵败将,突围逃走。吴军发现了,紧紧在后面追赶。还亏得沿途的驿站,把丢下的战车、盔甲堵塞在山口要道上,阻挡住了东吴的追兵,刘备才逃到了白帝城(在今四川奉节县白帝山上)。

这一场大战,蜀军几乎全军覆没,船只、器械和军用物资,全部被吴军缴获。历史上把这场战争称作"猇亭之战",也叫"夷陵之战"。

刘备失败之后,又悔又恨,说:"我竟被陆逊打败,这岂不是天意吗?"过了一年,他在永安(今四川奉节)病死了。

十三、用间篇

— 孙子名言 —

内间者,因其官人而用之。反间者,因其敌间而用之。死间者,为诳事于外,令吾间知之,而传于敌间也。生间者,反报也。

— 名言解读 —

"内间者,因其官人而用之。""官人"是指敌方的官吏。孙子这句话的意思是说:所谓内间,就是指收买敌国的官吏为间谍。"反间者,因其敌间而用之",所谓反间,就是指收买或利用敌方的间谍,使其为我所用。"死间者,为诳事于外,令吾间知之,而传于敌间也。生间者,反报也。"所谓死间,是指故意制造散布假情报,通过我方间谍将假情报传给敌方间谍,诱使敌人上当受骗,一旦真情败露,我方间谍难免一死。所谓"生间",就是侦察后能活着回来报告敌情的人。

— 经典案例 —

42. 貂蝉——最早的女间谍

貂蝉是中国古代的四大美人之一,闭月羞花一词中"闭月"讲的就是她。貂蝉也是女间谍的鼻祖之一,她亲身实践了美人计和连环计。

自黄巾农民起义后,东汉政权名存实亡,各地军阀割据混战,朝中董卓杀死皇帝,另立陈留王,一手遮天。东汉大臣王允以貂蝉为工具，使用连环计对付董卓，使本已混乱的政治局面更加不堪。

貂蝉出生在东汉末年江陵的一个没落家庭。兵荒马乱的社会使她的父兄不知去向，也把她母女两人推到了洛阳，被王允收容。不久她母亲又因病去世，这时貂蝉还是个孩子，王允的夫人既可怜她孤苦伶仃，又爱其颖慧雅洁，命她作了贴身侍婢。

到十二岁的时候，貂蝉已长得亭亭玉立，由于长期寄人篱下，养成了一套善于察言观色的本领。再加上生性聪慧，更具有一种善解人意，嘴甜心细的特质。不但颇得王夫人的欢心，就连王允本人也对她另眼相看。可以说王允一家对她有救命之恩。

自火烧洛阳，迁都长安后，把持朝政的董卓，仗着有勇冠三军的吕布做义子，更加为非作歹。他在长安郊外建郿坞，安置家属，自己也半月一回，或一月一回，在路边设帐幔，回郿坞与公卿聚饮。一天，北地招安投降士兵数百人到来，董卓出横门，百官相送。董卓乘机留百官宴饮，却将投降士兵数百人在座前行刑，有的被砍断手足，有的被凿去眼睛，有的被割掉舌头，有的被放在大锅中熬煮。百官战栗得丢下筷子，但董卓饮食谈笑自若。并说道："我杀这些有二心的人，有什么可怕的？"在座的王允胆战心惊，吓得话也不敢说。

一天，百官在朝堂议事，突然吕布来到董卓身边，耳语数句。董卓点了点头，吕布来到司空张温身边，一声令下，将张温拉下朝堂，不久，侍从将一红盘托张温人头入献。董卓命吕布劝酒,把人头在各人面前一一呈过,然后说道:"你们对我孝顺,我不害你们,我是受天保佑的人,害我的人一定会失败。"一个大臣就这样无缘无故地被杀了。王允惊惧的同时,免不了兔死狐悲。

很晚了,王允站在茶几旁想着白天的事情,暗暗落泪。他知道要除董卓,就必须先离间他和吕布的关系。忽然他听到在花园的另一端也有人在暗暗地叹息,他悄悄走过去,发现是貂蝉,他柔声问貂蝉:"你有什么伤心事,何至于深夜在此长叹,能不能告诉我。"貂蝉先是讲了王允如何收养了她,如何让她过上幸福的生活,自己如何希望能够感恩图报。然后话锋一转,讲到她最近总见到王允愁眉不转,特别是今晚更是坐立不安,料想一定有什么重大的事情,十分棘手,看到王允痛苦,不禁长叹。接着她表示,只要王允有用得着她的地方,她一定万死不辞。王允静静地听着,突然眼前一亮,计上心来,立即叫貂蝉跟他到画阁中去。进了画阁,王允道出一番话来,吓得貂蝉花容失色。王允跪拜在地,貂蝉跟着跪倒,面对自小抚养她的恩人,面对白发苍苍的老人,她再次发誓,万死不辞。

第二天,王允就将家藏的明珠数颗,令匠人嵌成一只金冠,使人秘密送给吕布。吕布十分高兴,当即赶到王允家中致谢。王允果然抓住了吕布的弱点,吕布一介武夫,贪财重利,很容易地就上钩了。王允盛情招待,当酒饮至七分醉时,貂蝉从内室款款起来,吕布立即眼睛就直了。半推半就之后,醉意重重中,王允告诉吕布,愿意把貂蝉嫁给他做妻子,又欲擒故纵地说:"要不是怕董卓起疑,一定会留吕布在家里过夜。"吕布在依依不舍中，喜滋滋地离去。第一步成功了。

现在就看第二步。又一个早朝完毕，王允跪在地上请董卓到他家去做客，说道："允欲屈太师车骑到草堂赴宴，不知君意如何？"董卓慨然说："司徒乃国家之大老，既然来日有请，当赴。"第二天，王允穿着朝服迎接董卓，再拜起居，称赞董卓，把他比作姜子牙、周公。一番话说得董卓还未饮酒就已经醉醺醺的了。

堂中点上画烛，夜幕降临，只留女使进酒供食。王允说道："教坊之乐，不足以供奉君颜。我这儿就有女舍之乐，敢承应乎？"董卓答道："深感厚意。"王允立即教人放下帘子，笙簧缭绕，簇拥貂蝉舞于帘外。董卓本是武夫出身，怎耐烦这种雾中花、水中月式的东西，立即命令近前来唱，一曲还未唱完，董卓叫貂蝉为他斟酒。董卓轻轻问："你多大了？"貂蝉幽幽地答道："我还不满二十。"董卓笑道："真仙人啊！"王允立即说："老臣欲以此女献给主公您，不知您肯容纳否？"董卓色迷迷地说："美人见惠，何以报德？"随后，董卓一边说着"尚容致谢"，一边就急急起身，王允跟着亲自送貂蝉随着董卓到郿坞。王允送董卓回来还未进家门就被吕布拦住了，吕布一把揪住王允，怒骂："老贼戏我！"拔剑就要砍。王允立即鬼话连篇，告诉吕布，董卓把貂蝉带走，是要为他吕布主婚，并要吕布把王允自己家中的一些珠宝带走，说是给貂蝉出嫁做首饰的。有勇无谋的吕布立即兴冲冲地赶到相府。王允就像一个优秀的导演，找到一个好的场景，这就是相府；选好了演员，这就是貂蝉、董卓、吕布、现在接着就看主角貂蝉如何演戏了。

可怜吕布兴冲冲赶往相府时，董卓正在尽情地和貂蝉作乐……

吕布等了一夜，第二天早晨得到的答复是："夜来太师与新人共寝，至今未起。"吕布听后一惊，马上偷偷地来到董卓卧房后偷看。貂蝉刚好起床梳头，发现了偷看的吕布，立即皱起眉头，做出忧愁不安的样子，再装假不断用手帕擦拭泪眼。

董卓正式接待吕布了，在几句寒暄后，吕布总不见董卓提起为他主婚的事，就痴痴地站在那看董卓吃早饭。这时貂蝉故意在绣帘后走来走去，引起吕布的注意，甚至不惜露出半个脸蛋来，以目送情，霎时，吕布神魂荡漾。董卓当即警觉，见吕布频频侧身迎里而望，恼怒地说："布儿无事且退。"吕布一肚子不高兴回到家中，当他的妻子不知趣地问他："莫非你今日被董太师见责？"吕布一反常态地说："太师怎么可能控制我呢？"

董卓自纳貂蝉后，情色所凝，几个月都不出朝处理政事。吕布一切都知道了，但愈是如此，他愈思念貂蝉。终于，吕布利用董卓午睡的机会溜进了董卓的卧室。貂蝉在床后探半身望着吕布，以手指心而不转睛。吕布感激得频频点头表示明白她的意思。貂蝉用手指董卓，强抹泪眼，吕布似乎心都被揉碎了。董卓朦胧中醒来，看到了吕布，猛然回身，看见貂蝉在屏风后面。董卓恼羞成怒，责问吕布："你敢调戏我爱姬吗？"唤左右驱逐吕布，今后不许他入堂，吕布怀恨回家。

更不得了的事发生了，貂蝉终于将吕布勾引到相府后花园中的凤仪亭来，又哭又说，将自己如何思念吕布，董卓又如何将自己侮辱。现在不能和英雄在一起，愿死在吕布面前，以解对吕布的思念。还没有说完，就手攀曲栏，望荷花池便跳，慌得吕布一把把她抱住，貂蝉乘机倒在吕布怀中，说道："妾在深闺，闻将军之名，如雷贯耳，以为当世一人而已。谁思反受他人之制！妾度日如年，愿将军怜悯我而救我。"一番话挑起吕布对董卓的怨恨。

话说董卓因久未见貂蝉，便到后花园中寻觅。只见吕布把他的方天画戟放在旁边，抱着貂蝉说悄悄话。气得董卓抢过画戟就刺，吕布掉头便走。董卓胖，赶不上，飞起一戟，被吕布一拳打落在草中。至此，吕布与董卓的关系彻底破裂。

董卓带着貂蝉回到他的家郿坞，离开了相府。王允也乘机把吕布接到家中，痛斥董卓把吕布的貂蝉抢走，说是要为吕布报仇，一番交谈，刺杀董卓的计划便周密完成。轻车都尉李肃奉命到郿坞去见董卓。说是天子有诏，欲会文武大臣于未央殿，商议将帝位传给太师之事。董卓心花怒放地启程进京，一路上车轴断了，马辔头断了，而且路上狂风大作，尘土蔽天，董卓大惑不解地认为这些都是不祥之兆。李肃却解释说："弃旧换新，将乘玉辇金鞍；万岁登基，必有红光紫霞，这些都是吉兆。""千里草，何青青；十日上，不得生。"这一首当时流行在长安街头的童谣，预示着董卓就快要死了。董卓刚走进未央殿，就被埋伏在殿内的军士伏击，一戟直透董卓咽喉的就是吕布，李肃早把董卓的人头割在手中。

董卓既死,朝野欢声雷动,皇甫嵩领兵攻打郿坞,把董卓一家杀得干干净净,连他九十岁的老母也没有放过。抄没郿坞的家产,有金三万斤,银九万两,珠玉古玩,积如丘山。

吕布在兵荒马乱中找到貂蝉,带回家中,最终了却了夙愿。董卓有四个心腹将领:李傕、郭汜、张济、樊稠,都手握重兵。董卓死后这四人上表请求朝廷能够赦免他们。王允答道:"董卓的过错和罪恶,都是四人在后面帮助的,可赦免天下无辜的百姓,唯独不赦免这样的军马。"于是这四人带军攻入长安,纵兵大掠,放火杀人,淫人妻女,无所不为,随后挟持汉献帝逃出长安。天下战火纷纷,不可收拾。

吕布带着貂蝉,逃出长安。经历过濮阳大战,占领过定陶,夺过徐州,辕门射戟调解刘备与袁术的矛盾,最后在下邳被曹操打败。谋士陈宫劝吕布突围,但吕布舍不得貂蝉,最终在白门,吕布被自己的部将缚住献给曹操,吕布哀求曹操留下他的命,请求他救过的刘备为他说好话。但曹操听从刘备的劝告,将吕布吊死。吕布大骂刘备是忘恩负义的大耳儿贼。可怜吕布在连年转徙征战中因放不下貂蝉,终于被杀。

貂蝉的命运传说纷纭,有的说是自刎而死,有的说曹操为笼络关羽连同赤兔马一起把她送给了关羽,关羽留下骏马却斩杀了美人。

43. 曹操离间韩遂

曹操离间韩遂是《三国演义》里描写的一次绝妙的离

间计。

贾诩入帐拜见曹操说:"丞相有了破敌的办法了么?"曹操说:"你有什么意见呢?"

贾诩说:"兵不厌诈,可以给他们虚假的许诺,成功之后用反间计。另外韩遂和马超互相猜疑,这样就可以立刻削弱他们、打击他们。"曹操拍手叫好说:"天下高明的见识,多数是不谋而合的。贾诩的谋略,和我心里想的很符合啊。"

于是,曹操派人回信,说:"我将慢慢地撤军,把黄河以西的地盘让给你。"之后在黄河上搭起了浮桥,做出退军的姿态。

马超看完信之后,和韩遂说:"曹操虽然许诺讲和,但他这个人很有谋略,难以预测。如果不做防备,将来有可能受他的限制而被动。我和叔叔轮流调遣部队,今天叔叔防备曹操,我防备徐晃;明天我防备徐晃,叔叔去防备曹操,分头准备,防止被他们算计。"韩遂听从了这个计策开始执行。

早就有探子向曹操报告了。曹操对贾诩说:"咱那事有戏了!"曹操问探子:"明天谁负责防备我军啊?"探子说:"是韩遂的部队。"

第二天,曹操率部队出了营地,在附近巡逻,曹操立在部队中央很明显的位置。韩遂的士兵大部分不认识曹操,都脱离了队伍来看热闹。曹操对他们高喊:"你们也想看看曹操什么模样?我也是个人,也没有四个眼睛两个嘴,要说比你们多点什么,就是多了点心眼。"韩遂的部队大部分士兵都面带惧色。

曹操派人走到韩遂的阵地前说:"丞相请韩遂将军过去谈判。"韩遂因此走出了阵地。

看见曹操身边并没有部队,韩遂也将盔甲卸下,穿着便服骑马走向曹操。两个人马头彼此相对,各自按住缰绳对话。曹操说:"我和将军的父亲,同时做孝廉,我曾经把他当作叔父一样对待他。我也与你一道登上读书做官之路,不知不觉有好多年了。将军你现在多大岁数了?"韩遂答道:"四十岁了。"曹操说:"记得过去在京师,我们都青春年少,怎知已人到中年!怎样才能天下清平共乐啊!"两人只把旧事细说,并不提起军情。说罢大笑,相互交谈有一个时辰,才回马而别,各自归寨。

两个人原本是旧相识,在一起叙了叙旧,没有提一点交战的事情,大概两个多小时,各自退回了营地。

早就有人把这个情况汇报给了马超。马超赶紧问韩遂:"你们今天说什么了?"韩遂说:"只谈了过去在京城的一些往事。"马超说:"就没提到军务的问题?"韩遂说:"还真没提,他不提我提也不合适啊?"马超心里七上八下的,没再说话,直接走了。

曹操回到了营地,问贾诩说:"你知道今天我和韩遂说话的目的么?"贾诩说:"您的计策虽然高明,但没有足以离间他们两个的把握,我有一个办法,可以让他们自相残杀。"

曹操赶紧请教。

贾诩说："马超是个勇夫，不爱动脑子。你亲自写封信给韩遂，中间笔迹写得别太清楚，在关键的段落，您要把字迹涂抹得很模糊，再修改一些段落，然后把信送给韩遂的时候故意让马超知道。马超肯定要过来看，当他看到字迹模糊，又有涂抹修改的时候，肯定会认为是韩遂和我们有联系，因为怕被发现，所以韩遂自己涂改了，马超必然怀疑韩遂。我再去暗中间离韩遂的部下，让他们互相猜测，马超的败日就不远了。"曹操说："这招真绝！"

随即写了一封书信，将关键处都把字迹涂抹修改一番，然后封实，故意多次派遣随从送过寨去，下了书再返回。果然有人向马超报告情况。马超心生疑惑，直接来找韩遂索要书信看。韩遂将书信拿给马超。马超见上面有改抹的字样，问韩遂说："书信上为什么都改抹得糊涂了？"韩遂说："送来的书信原本像这样，不知什么缘故。"马超说："难道有用草稿送给人的吗？一定是叔父怕我了解内容，先改抹了。"韩遂说："莫非曹操错将草稿误封送来了。"马超说："我也不信。曹操是精细之人，怎可能有差错？我与叔父并力杀曹操老贼，怎会产生异心？"韩遂说："你如果不信任我，明天我在阵前让曹操说话，你从阵内突然奔出，一枪刺杀就是了。"马超说："假使果真像这样，才见叔父你的真心。"两人就这样约定了。第二天，韩遂率领侯选、李堪、梁兴、马玩、杨秋五将出阵。马超藏在门影里。韩遂派人到曹操寨前，高声叫喊："韩将军请丞相攀话。"曹操于是命令曹洪带领数十骑兵出阵前与韩遂相见。马离数步，曹洪马上欠身说道："夜来丞相拜托将军的话，切莫忘记。"说完就策马返回。马超听得大怒，挺枪骤马，便来刺向韩遂。五将拦住，劝解回寨。韩遂说："贤侄休要怀疑，我没有害人之心。"马超哪里肯信，生气地离开了。韩遂与五将商议说："这事如何解释？"杨秋说："马超倚仗武勇，常有欺凌主公的心理，即使胜了曹操，怎肯让你？以我的愚见，不如暗中投奔曹操，他日也能封个侯位。"韩遂说："我和马超结为兄弟，怎能忍心背叛他？"杨秋说："事已至此，不得不这样打算。"韩遂说："谁可以帮我和曹操联络？"杨秋说："我愿意前往。"韩遂于是写下密书一封，派遣杨秋径直来到曹操营寨，说投降之事。曹操十分高兴，答应封韩遂为西凉侯、杨秋为西凉太守，其余人都有官爵。约定放火为号，共同对付马超。

- 孙子名言 -

故惟明君贤将，能以上智为间者，必成大功。此兵之要，三军之所恃而动也。

- 名言解读 -

"故惟明君贤将，能以上智为间者，必成大功。此兵之要，三军之所恃而动也。"该句是说：所以，明智的国君，贤能的将帅，能够任用智慧高超的人充当间谍，就一定能建立功业。这是用兵中的关键步骤，整个军队都要依靠间谍所提供的敌情来决定军事行动。

― 经典案例 ―

44. "战国四公子"的门客

战国时代,养士已成为上层社会竞相标榜的一种时尚风气。只要是有实力有抱负的国君、权臣,无不以尽可能多地收养门客为荣。从战国初期的赵襄子、魏文侯及以后的赵惠文王、燕昭王、

"战国四公子"、秦相吕不韦、燕太子丹等,门下都收养有千人以上的门客,其养士之规模也是春秋时期所不能与之相比的。由于通过养士的方式可以大量集中人才,既能迅速提高自己的政治声誉,以号召天下。同时,养士又能壮大自己的政治力量,以称霸诸侯。所以上层权贵们争相礼贤下士,不拘一格地网罗人才,以尽天才之大为己能,形成了"士无常君,国无定臣"的人才流动和人才竞争的大好局面。

战国的养士,形成了以"四公子"——齐国的孟尝君田文、魏国的信陵君魏无忌、赵国的平原君赵胜、楚国的春申君黄歇——为代表的人才中心,大量的人才迅速地聚结起来。据史书记载,"四公子"门下的食客都超过三千人。孟尝君的封地是拥有万户以上人口的薛邑,但他在薛邑一年的收入还不足以供养门客。秦昭襄王称赞孟尝君善于结交各种人才,说:"孟君门下,如通物之市,无物不有。"平原君门下也人才济济,"文武备具",他曾自夸:一旦有事,"士不

外索,取于食客门下足矣"。信陵君手下的门客甚至可以潜伏在赵王的身边,他所得到的机要信息甚至比他的国君魏安僖王还快还准确。人才的大量集中,形成了强大的社会力量,信陵君"仁而下士",使得周围数千里的游士"争往归之","当是时,诸侯以公子贤,多客,不敢加兵谋魏十余年"。其他三位公子,对社会产生的威慑力也大致相同。

战国四公子的大量养士,使得游侠有了集结的场所。这一点史书上虽无专门的记载,但也可寻见其发端。秦国包围邯郸,赵王派平原君突围去楚国求救。临行时,平原君挑选"食客门下有勇力文武备具者"同行。后解围时,又"得敢死之士三千

人",说明平原君的门下聚结了不少侠士。信陵君曾"从博徒卖浆者游",孟尝君门下有"鸡鸣狗盗之徒",那么下层社会的侠士也有不少集合在四公子的门下。所以,韩非子称养士之风中存在"养游侠私剑之属"的现象,所谓"侠奸六万,门客三千",并且认为由于他们的大量聚集已威胁到最高统治者的统治。

一是"知人得士"。战国时代的游士对于养士的权贵期望值很高,不但要求他们能给予自己很高的物质待遇,而且要求权贵们能懂得人才,善于使用人才。信陵君在魏国偷盗兵符,领兵解了赵国邯郸之围后,便留在了赵国。他听说赵

国有两个出色的人才：一为毛公，藏身于赌徒之中；一为薛公，埋名在酒肆之内。信陵君几次想见他们，两人都躲了起来，不肯相见。信陵君打听到他们的藏身之处，就悄悄地走到那儿与两人交游，相互间处得十分融洽。平原君听说后对妻子说："我听说你弟弟信陵君天下无双。现在看来只是个糊涂虫，只知道和赌徒、卖酒的混在一起。"信陵君从姐姐那儿知道了平原君的议论，感叹道："平原君的养士原来只是贵公子的豪举，并不是真正为了寻找人才。"平原君连忙道歉。即使如此，不但天下之士，就是平原君的门客，也都投奔信陵君门下。在游士们看来，权贵者不了解自己，不懂得识别人才、使用人才，是不能容忍的错误。这就逼迫权贵者开拓人才的信息，提高识别人才的能力。因此许多隐姓埋名在民间的人才，如弹铗长歌的冯瓘、勇于自荐的毛遂都被主人识别重用，充分发挥出自己的才干。一些生活在民间的游侠，如荆轲、聂政，都是被权贵们一再邀请，委以重任，才干出一番惊天动人的事业的。

二是"不分贵贱，一与人等"。也就是说，门客受尊重的程度是由自己的才能所决定的，与身份的贵贱无关；而作为养士的权贵者需"仁而下士"，不能"以其富贵骄士"。正因为如此，信陵君为了结交身为看门者的隐士侯嬴，居然在闹市中和颜悦色地牵着缰绳，站在一旁，等待侯嬴和别人谈话完毕，才请他上车迎到家中。燕太子丹通过"节侠"田光的介绍才得以见到身为平民的荆轲。见面时，太子丹"再拜而跪，膝行流涕"，以后"日造门下"，想尽方法来"顺适其意"。这样一种社会风气，使得多数埋名隐姓于民间的武侠有了被重新发现的机会。在门客中,人与人的相对平等形成了一种特殊的文化圈。这显然与由游士大量集中所形成的特殊文化氛围,以及战国时代"士议之不可辱者,大之也"这样一种新的价值观所唤醒的游士个人意识的自觉是分不开的。任何人只要能进入这一文化圈,那么至少在人格上都是独立的,都能因自己的才识和武艺而受到尊重。中国古代社会自有确切的历史记载起,"贵贱尊卑"等级有序的观念便占统治地位。长达数千年的古代社会,只有极少数时期,并在极特殊的社会文化环境下,人际关系才有相对平等的可能。战国的养士制度就是这样一种独特的社会文化环境。在这种社会文化环境中,个人人格上独立的要求得到鼓励和尊重。

只有在战国时代,身为"屠客"的勇士朱亥才可以对魏王的弟弟信陵君的数次邀请不予理睬;作为平民,荆轲可以因为燕太子丹催促他启程赴秦而大发雷霆,甚至当面怒叱:"何须太子这样催遣?"战国的游侠便是在这样一种文化氛围中存在并发展起来的,人格的自尊显得特别地强烈和敏感。

45. 石勒诈降破王浚

王浚是西晋的大臣,幽州的刺史。王浚之所以能在幽州一带保留自己的势力,与他所仰仗的鲜卑、乌桓等部的强大军事力量是分不开的。由于王浚不得人心,又宠信枣嵩、朱硕等贪婪凶横之人,各部先后背叛了王浚,加上幽州连年遭受蝗灾,军队的士气也遭到极大的削弱。

石勒字世龙,羯族人,其家族世为部落小帅,后带领自己的队伍归顺汉王刘渊。在三四年时间内东征西讨,攻城略地,为汉国立下汗马功劳,成为维护汉国统治的一支劲旅。公元311年,石勒设计密谋杀掉了另一投奔刘渊的势力王弥,兼并了他的全部人马。石勒火并王弥后,将攻击目标转向幽州刺史王浚。

石勒感到这是天赐良机,准备派人探听虚实,正好他的军师张宾生病,他前往探病,请教张宾有什么看法。张宾说道:"王浚名义上是晋国的大臣,实际上却是想自立为王,只是怕天下英雄对他不服。他想要得到将军,就好比项羽想要得到韩信一样。将军威震天下,如今仅仅派遣使者,难以让人看出你的诚意,久之必然生疑。对别人有所图谋,却让别人觉察到你的想法,那可就难以达到目的了。"石勒点头道:"右侯的看法正是啊!"于是派使者带上很多珍宝,并给王浚发去书信,吹捧王浚一番,说些要尊奉王浚登基称帝的话。又给王浚的宠臣枣嵩写信,送去大量的财物讨好他。

王浚刚刚被鲜卑段部背叛,正在暗自懊恼呢,忽然得到石勒的书信,岂能不高兴,起初他还有些怀疑,石勒派去的使者王子春很会说话,说什么以王浚在中原的威望,必然可以同时统治胡人和汉人,石勒对于王浚,就如同月亮对于太阳。王浚高兴得不得了,立刻把石勒派来的使臣王子春和董肇封为列侯，给予丰厚的赏赐。

第二年，王子春等人带着王浚的使者来到了石勒的襄国，石勒把他的精兵强将都藏匿起来，给王浚使者看的都是些老弱残兵，还满当回事地向北面叩拜王浚的使者接受王浚的回信，好像王浚真是自己的主子似的。王浚赠给他的拂尘，石勒装作不敢拿，小心翼翼地叫人把它挂在自己房间的墙壁上，早晚各拜一次，又对使者说："我见不到王公，见到他所赐的东西，就像见到他本人一样。"他让董肇陪王浚的使者一同再回到幽州，与王浚约定当年3月中旬亲自到幽州遵奉他称帝。

王浚的使者一走，石勒马上像变了个人一样，询问王子春有关幽州的事情，当得知幽州城内内忧外患，人心惶惶，而王浚却全无戒备地准备当皇帝时，石勒按着桌子笑道："王彭祖（王浚的字）真可擒也！"而与此同时，回到幽州城的使者报告王浚的却是："石勒势力很弱，因此，他的诚意完全可以相信。"可以说，到了这个时候，王浚的最终命运已经决定了。

当然，石勒想要出兵攻灭王浚，此时仍然害怕鲜卑、乌桓以及并州的刘琨袭击他的身后，正在犹豫不决的时候，张宾又进言道："这三方不敢轻举妄动，鲜卑、乌桓是背叛了王浚的，此时不会有所想法，而并州的刘琨和王浚虽然同为晋国大臣，实际上彼此却是仇敌。如今只要修一封书信寄给刘琨，向他求和，刘琨必然很高兴看到王浚灭亡而不会出兵来救。用兵贵在神速，不可优柔寡断！"石勒高兴地说："我所未了的心事，右侯就这么给解决了，我还有什么可以犹豫的呢？"

于是，石勒写信向刘琨请和，请求讨伐王浚用来赎罪。刘琨果然不出兵。此时已经利令智昏的王浚命令部下不得阻挡石勒的到来，石勒简直是在王浚军队的欢迎中来到幽州城下的。石勒为防止王浚的伏兵，预先带了数千头牛羊，幽州城门一开，他先让牛羊进入城内，声称是给王浚的礼品，实际上这些牛羊将城内的大街小巷堵了个严严实实。王浚这才开始坐立不安，害怕起来。石勒的军队进入幽州城，到处抢夺，王浚的左右手下请求抵抗，王浚仍然抱有幻想，不准抵抗，一直等到石勒带着手下亲自来到王浚的厅堂前，王浚这才如梦初醒，这时候才想起来逃命，哪还逃得掉？王浚被捉住后大骂石勒背叛他，石勒不慌不忙的指责王浚准备自称天子，列数他在幽州的各条罪状，让王浚无话可说，最后被石勒带回襄国斩首。

石勒在得到幽州之后是十分残忍的，王浚的万名精兵被石勒下令全部杀死，十六国时期就是这样，一个政权的灭亡意味的就可能是惨无人道的大屠杀，而另一方面，新生力量也许就从这样的大屠杀中得到诞生。对于王浚的大臣，石勒的态度则不同，他在堂中升帐，不少将领都争着求见，向石勒谢罪，唯独裴宪和荀绰两个不来，石勒把他俩招来问：

"王浚如此暴虐，我讨伐他把他灭了，各位将领纷纷来谢罪，为什么你们两个却不来呢，你们不怕我杀你们吗？"裴宪答道："我们世代在晋朝做官，王浚尽管残暴，却还是晋朝的大臣，所以我们跟从他，不敢有二心。你如果不修德义，只是想展示你的威严的刑法，那么我们死得其分，又有什么可以逃的？"说完也不拜石勒，转身走出大帐，石勒赶上去召回两个人，向他们道歉，以宾客之礼对待。对于王浚的宠臣朱硕、枣嵩等人，石勒当即命令斩首。查抄大臣们的家产，发现很多人都有上万家产，唯有裴宪和荀绰两个家中只有几百本书，少量的盐米。石勒又惊又喜地说："我所高兴的并不是得到幽州，而是高兴得到这两个人啊。"

　　石勒吞并王浚的过程，实际上也就是连续用间的过程。

附 录

1. 孙子的生平

孙子，姓孙，名武，字长卿，人们尊称其为孙子或孙武子，是春秋末期齐国乐安（今山东惠民）人。因为他的才华主要在吴国施展的，战绩是在吴国创建的，因此也称他吴孙子。其具体生卒年月尚不可知，大致与孔子为同时代人，主要活动在公元前500年前后。

春秋时代的齐国，位于今山东东北部，濒临渤海，有渔盐之利，在诸侯列国中是一个物产富庶、实力强盛的东方大国。公元前685年，齐桓公即位后，任用管仲为相，革新军政，发展生产，终于成为"九合诸侯，一匡天下"的一代春秋霸主。杰出的大军事学家孙武就诞生在这个国家里。

那是风云变幻的春秋末年，奴隶主贵族对奴隶和平民的剥削和压迫越来越残酷，奴隶和平民的反抗也越来越激烈。奴隶起义和奴隶战争的洪流，如惊涛骇浪，猛烈地冲刷着奴隶制的污泥浊水，从根本上打击和动摇了奴隶主的腐朽统治，成为新社会从旧社会的母胎中诞生时的助产婆。代表新的生产关系的新兴地主阶级登上了历史舞台，向奴隶主阶级展开了经济、政治、军事和思想领域等各方面的斗争。奴隶主的统治江河日下，"礼崩乐坏"。

孙武的家族正处在这一激烈动荡的漩涡之中。原来孙武的祖先就是齐国的田氏。据《新唐书·宰相世系表》和宋邓名世《古今姓氏书辨证》记载，孙武原是陈国的公子陈完的后裔。公元前672年陈国发生内乱，陈完逃奔齐国避难。齐桓公委之以"工正"之职,管理手工业生产。陈完后来又改姓名为田完。经过几代之后,田氏家族发展为齐国新兴势力的代表,同以国君为首的贵族们相对立,到齐景公时,田完的第四代孙田桓子(陈无宇)已是齐国的大夫。他用大斗借粮,小斗收进的办法争取民众,使民众像流水般地归附在田氏门下,从而壮大了自己的力量。齐国在攻打莒国的一次战争中,田完的五世孙、孙武的祖父田书立了战功。齐景公便把乐安(今山东惠民)封给田书,作为他的采邑。又赐姓孙氏,以示嘉奖。春秋时代,姓是全族的共同称号,而氏只是某一支派的称号,田书这一支即是以田为姓,而又以孙为氏的。后来姓氏不分,人们也就把孙武的氏作为他的姓了。

公元前532年夏季,田氏联合鲍氏,趁执政的旧贵族栾氏、高氏宴饮方酣的时候,突然包围了他们。经过激战,栾氏、高氏战败,其主要人物栾施、高强两人逃往鲁国。这就是所谓的齐国"四姓之乱"。

这种纵横捭阖的斗争,势必在客观上为孙武提供了洞察统治集团上层斗争的机会,锻炼了他善于应变的才能,使他的思想受到了新兴地主阶级世界观的极大影响。同时,由于孙武的祖辈都精通军事,为孙武继承和学习先人的军事思想提供了良好的条件。齐国是历史上大军事家姜子牙的封地,后来又是大政治家、军事家管仲的活动地,留下了极其丰富的军事文化遗产。齐桓公称霸后,齐国又一度成为当时中国政治、经济、文化、外交、军事的中心,成为豪杰荟萃的地方。这样的社会环境,对孙武研究军事,提供了许多便利条件,使他在青年时代就成为学识渊博的军事人才。

"四姓之乱"，田氏、鲍氏取得了胜利。大约就在他们弹冠相庆时候，孙武——或许还有孙氏家族的其他成员——却离开了齐国，踏上了新的里程。他们到了南方新兴的吴国，即今江苏中部、南部一带。他大约就在都城姑苏（今苏州）附近隐居，过着一种自耕农式的生活。可能在耕耘之余，将祖辈所传下来的军事斗争经验加以总结整理，写成了兵法。

当孙武在军事学上有了较为深厚的理论储备之后，他施展才智的历史契机也终于到来了。公元前512年吴王阖闾决心同楚国大战，但乏前无将，很觉踌躇。当时任吴王阖闾的谋臣的伍子胥借与吴王论兵之机，连续7次向吴王推荐孙武是真正可以"折冲销敌"的主将人选。于是，吴王决定召见孙武。孙武便带上他的兵法十三篇到吴宫晋见吴王。在回答吴王的提问时，孙武那惊世骇俗的言论，新颖独特的见解，引起了一心图霸的吴王的强烈共鸣，他连声不迭地赞誉孙武高妙的战争见解，并为孙武的军事才华所折服，立刻任命他为将军。从此，孙武与伍子胥一起辅佐吴王，理国治军，使吴国迅速崛起。

据史实记载，孙武为将之后，为吴国的兼并战争立下了卓越的战功。司马迁在《史记·孙子吴起列传》中说："西破强楚，入郢，北威齐晋，显名诸侯，孙子与有力焉。"意思是说，公元前506年，吴军对楚国实行深远的战略奇袭，即吴楚柏举（今湖北麻城附近）之战，大败楚国，攻占楚国首都郢，孙子有战功。公元前484年吴军在齐国艾陵重创齐军，公元前482年黄池会盟，吴国取代了晋国的霸主地位，这就是"北威齐晋"，孙武也有不可磨灭的战功。孙武之所以能够取得显赫的战功,是因为他有系统的军事理论作为指导,经过战争实践,更加印证了他的军事理论的正确性。由此可以看出,孙武不仅是军事理论家,更是富有军事组织才能的军事活动家。

从公元前512年任将军到公元前482年的黄池会盟,孙武在吴国有着30年的戎马生涯,此后的情况就不得而知了,至于孙武最后的结局怎样,尚不可考。但是,当吴国北威齐晋时,已是夫差当政。夫差倒行逆施,骄奢淫逸。可以想见,孙武对于夫差这样的君主是冰火不能相容的。据《越绝书》记载,江苏吴县东门外尚有孙武的坟墓。看来,孙武没有像伍子胥那样被杀,很可能是飘然归隐,老死山林。

2. 孙子的军事思想

孙武被誉为"兵学鼻祖",受到后世推崇,并不仅仅因为他的军事指挥才能,而是因为他为后人留下的那部惊世骇俗的兵学圣典《孙子兵法》。《孙子兵法》共十三篇:《始计篇》、《作战篇》、《谋攻篇》、《军形篇》、《兵势篇》、《虚实篇》、《军争篇》、《九变篇》、《行军篇》、《地形篇》、《九地篇》、《火攻篇》、《用间篇》。它言简意赅,内容博大精深,可以说是字字玑珠,是国内外公认的"世界古代第一兵书"。《孙子兵法》以朴素的唯物论和辩证法思想,从战争的实际出发,总结和揭示了战争的普遍规律和基本的战略战术原则。同时它具有深刻的谋略内涵、道德内涵和哲学内涵,具有超越所处时代的思想性和创造精神。

孙子的军事思想可以概括为以下一些主要观点:

（一）重战慎战——孙子的慎战论

《孙子兵法》开宗明义，首言"兵者，国之大事，死生之地，存亡之道，不可不察也"。孙子把战争与国家命运，人民的生死紧密联系起来，不仅指出战争在国家事务中的重要地位和作用，而且也明确指出战争的政治目的在于确保国家的生存和发展。这就把战争推到了国家大事的首要位置。"兵者，国之大事"，道理非常简单，但并不见得为所有的治国者所深知。在这方面，《孙子》的基本思想就是要重战、慎战、备战，以确保"安国全军之道"。不仅在《始计篇》从生死存亡的战争后果论述了重战的思想，在《作战篇》又从战争与经济的关系上进一步阐述了战争后果的严重性，反复指出："带甲十万"要"日费千金"，"久暴师则国用不足"，"兵外而国利者未之有也"。同样，出于对战争后果的考虑，《火攻篇》则告诫人们："非利不动，非得不用，非危不战。主不可以怒而兴师，将不可以愠而致战；合于利而动，不合于利而止；怒可以复喜，愠可以复悦，亡国不可以复存，死者不可以复生。故明君慎之，良将警之，此安国全军之道也。"由此可以看出，以利为动，是孙子重战慎战思想的核心，是《孙子》对待战争问题的基本观点和思想。

（二）胜兵先胜——孙子的先胜论

孙子认为："胜兵先胜而后求战，败兵先战而后求胜。"这里的"先胜"是指在战争之前就使自己具备取得战争胜利的条件。一是要知彼知己。孙子高度重视敌我双方优劣强弱这一决定战争胜负的客观基础，深刻指出在战争指导上，关键是"知彼知己"，才能"百战不殆"。知彼知己不仅要从战略高度上了解和把握"五事"、"七计",而且要了解了掌握作战全过程中敌对双方不断变化着的各种具体情况。这是贯穿全书的一个基本思想,也是这部兵书的精髓所在。《孙子》所以强调知彼知己,目的是为了先胜。二是进行"庙算"。所谓"庙算"就是中国古时候凡国家遇及战事,都要告于祖庙,设于明堂,是一种分析形势,制定战略的仪式。《孙子兵法·计篇》中说:"夫未战而庙算胜者,得算多也;未战而庙算不胜者,得算少也。""庙算"是中国历史上第一个战略概念。孙子认识到,是不是很好地进行战前的战略分析,直接影响到战争胜负。因此,要根据掌握的敌我双方的情况,立足于已有的物质条件和战争潜力,从道、天、地、将、法等方面进行系统比较,分析形势,对军事行动产生的各种可能性进行充分估计,制定预案,作出决策。

(三)五事七计——孙子的战力论

以"五事七计"为中心内容的战略预测思想和运筹理论,是《孙子兵法》全书的核心思想之一。它全面地揭示了军事斗争的内在规律,是孙武用兵规律的高度概括。

所谓"五事七计",五事即"道、天、地、将、法",分别指政治、天时、地利、将帅素质、军事体制等五个方面。而"七计"是由"五事"演绎而来,是指从七个方面即从双方政治清明、将帅高明、天时地利、法纪严明、武器优良、士卒训练有素、赏罚公正来分析敌我双方的情况。

以"五事"、"七计"为中心的战略预测思想和运筹理论揭示了军事斗争的内在规律。通过对以上因素的综合分析和权衡比较,看清双方战斗力的强弱,了解彼己胜负的情状,才能得出"吾以此知胜负"的结论。

（四）不战而屈人之兵——孙子的全胜论

孙子"不战而屈人之兵"的"全胜"战略思想，是孙子整个思想体系的中心内容和主导思想。他认为："百战百胜，非善之善者也；不战而屈人之兵，善之善者也。"

孙子提出的"不战而屈人之兵"的"全胜"思想，就是用不流血的斗争方法，迫使敌方、屈从于我方的意志，以不损己方兵力财力不破坏对方的兵力物力和将被屈者的兵力财力转化为己力的方式，达到"自保而全胜"的目的。做到这样，就会使"用兵之害"减少到最低的程度，而"用兵之利"则"可全"。指导战争如果能这样取胜，比起流血战斗取胜来，即使是那些百战百胜者，也要高出一筹。因而这是用兵取胜的最上策。

《孙子》"全胜"思想的本义，绝不是说不要武力、放弃武力或不要战争、反对战争，而是指以武力为后盾，通过施展谋略和巧妙用兵，造成强大的威势，力争不直接战斗而迫敌投降，达到"屈人之兵"、"拔人之城"、"毁人之国"的目的。《孙子》全书言战，总结战争经验和规律，正是在这个前提和体系中讲"不战而屈人之兵"的。当这一目标不能实现时，"破国"、"破军"、"伐兵"、"攻城"等手段则无所不用，"攻城之法为不得已"，就是说必要时也要攻城。

那么如何达到"全胜"呢？"伐谋"、"伐交"、"伐兵"、"攻城"是实现这一目标的四种手段和途径。概括起来说就是综合运用政治、外交、经济、武力威慑等手段，制止战争的爆发。这种谋攻之法，不仅和平时期对制止和推迟战争有重要作用，即使在战争进程中也可以广泛使用，以削弱敌人的实力，打击敌人的气焰，配合军事斗争的胜利。

（五）致人而不致于人——孙子的制胜论

孙子讲兵法，但他是一个真正的和平主义者。他厌恶战争，但他又认识到战争是不可避免的。他所论述的只是面对不可避免的战争，如何去取得胜利。所以，尽管《孙子兵法》认为"百战百胜，非善之善者也；不战而屈人之兵，善之善者也"，但此书仍然是以主要篇幅论述"百战之法，而不是不战而胜"之术。孙子论述的是战争指导艺术，是一本"战争论"，而不是一本"不战论"。这就决定了此书内容是以论述战胜理论为主，其最精彩的理论正在于此。关于如何取得指导作战的胜利，孙子在《虚实篇》中提出了"致人而不致于人"的著名论断，阐明了调动敌人而不被敌人调动，夺取克敌制胜主动权的战争指导思想。孙子的这一思想贯穿于全部十三篇之中，体现在战前准备、战略指导和作战指挥等各个方面。《孙子》十三篇每篇都体现了"致人而不致于人"，处处争取主动权的思想。孙子达到争取战略主动权，最后制胜敌人的原则，主要有以下几点：

1. 因利制权的任势论

孙子认为："善战人之势，如转圆石于千仞之山者，势也"。势论是孙子思想中一个重要的原则。意思是说，根据利益大小而确定的有效战法，是凭借有利于己的条件，灵活应变，掌握作战的主动权。所谓任势，就是运用力量，因势施谋，借势成事。要任势，首先是要充分发挥主观的力量，这就要合于利而动，不合于利而止，坚持谋胜，以巧成事，不硬拼实力，集中力量，渐蓄乍用，快速出击等。其次是正确分析形势，充分利用客观矛盾之间互相作用的力量以达到我之目的。

2. 奇正相生的制胜法则

《孙子兵法》认为，"战势不过奇正"，要求"以正合，以奇胜"，即以正兵迎战，以奇兵取胜，强调："奇正相生，如循环之无端"，不可胜穷（《势篇》）。率先完整地提出了奇正范畴。一般地说，符合常规的为正，超出常规的为奇。从军事心理上看，合乎常情的、人们预料之内的为正，出乎常情的、人们预料之外的为奇等。奇正理论的精髓是"奇正相生"，即以奇为正，以正为奇，变化无穷，使敌莫测。出奇制胜的要义是"攻其无备，出其不意"。奇胜原则的主要特征是从实际出发，灵活机动，"与敌变化而取胜"。

3. "兵以诈立"的作战指导

孙子说："兵者，诡道"；"兵以诈立"。并且在《始计篇》中，对孙子以论诈奇谲为特色的"诡道十二法"进行了论述。孙子"兵者诡道这一重要命题的提出，在军事思想史上是一次观念上的革命，具有划时代的意义"。孙子的"诡道"战法，集中体现了孙子指导战争活动的主要原则，如"示形动敌"、"量敌用兵"等。无论是"示形动敌"，还是"量敌用兵"，其根本宗旨都是为了发挥主观能动作用，夺取战争主动权。这就是孙子"诡道十二法"的上乘境界，也是孙子整个兵法体系的主要价值。孙子讲"诡道"，同时也讲"人道"。《孙子兵法》处处闪耀着民本主义和人道主义的光辉。"慎战"和"唯民是保"，体现了"仁"，表现了尊重和顺应民心，关怀百姓的进步思想。孙子的"诡诈"战术，由于其内容丰富，行之有效，而对后世产生了深远的影响。

4. 因敌制胜的应变原则

"因敌制胜"，这是《虚实篇》中的一句名言，即"水因地而制流，兵因敌而制胜。故兵无常势，水无常形，能因敌变化而取胜者，谓之神"。这句话的实质，就是根据不同敌人的不同特点及其不同变化，要灵活机动地用兵，临机制变，"应形于无穷"，切忌墨守成规和囿于经验。孙子"因敌而制胜"的名言，永远是作战指挥的真理，时代愈是发展，情况愈加复杂，这一真理也就显得愈为重要。

(六) 舍事而言理——孙子的哲学意义和文学价值

《孙子兵法》的重要价值，不仅仅表现在它是一部系统全面的军事理论著作，还在于它丰富的哲学思想内涵。它处处闪耀着朴素唯物主义和辩证法的思想光辉。尊重客观规律，着重对对方情势进行分析，强调事物的条件和变化，表现了鲜明的唯物主义观点。著名的中国当代哲学家李泽厚认为，老子的思想来源与兵家有关。以《孙子兵法》为代表的先秦兵家，以长期繁复剧烈的战争经验为基础，发展出一种弁证思维方式，具有把握整体而具体实用、能动活动而冷静理智的根本特征，这正是中国弁证思维的独特灵魂，使它不同于印度或希腊，构成中国实用理情的一个重要方面。

《孙子兵法》具有丰富的系统论思想。他站在历史发展的高度，把握战争、战略问题的全局，从整体上分析与战争拉开的一切条件，从而构成一个完整系统的兵学理论体系。